수돗물이
뚝!

롬이와 함께하는 신기한 주전자 속 물길 여행
수돗물이 뚝!

초판 1쇄 발행 2009년 4월 10일 \ **초판 6쇄 발행** 2017년 9월 1일
글쓴이 신정민 \ **그린이** 조은애 \ **펴낸이** 이영선 \ **편집 이사** 강영선 \ **주간** 김선정
편집장 김문정 \ **편집** 임경훈 김종훈 하선정 유선 \ **디자인** 정경아
마케팅 김일신 이호석 김연수 \ **관리** 박정래 손미경 김동욱

펴낸곳 파란자전거 \ **출판등록** 1999년 9월 17일(제406-2005-000048호)
주소 경기도 파주시 광인사길 217(파주출판도시) \ **전화** (031)955-7470 \ **팩스** (031)955-7469
홈페이지 www.paja.co.kr \ **이메일** booksea21@hanmail.net

© 2009, 신정민 · 조은애
ISBN 978-89-89192-91-6 73300
값 8,900원

이 도서의 국립중앙도서관 출판시도서목록(CIP)은 서지정보유통지원시스템 홈페이지(http://seoji.nl.go.kr)와
국가자료공동목록시스템(http://www.nl.go.kr/kolisnet)에서 이용하실 수 있습니다.(CIP제어번호: CIP2009000955)

파란자전거는 도서출판 서해문집의 어린이 책 브랜드입니다. 페달을 밟아야 똑바로 나아가는 자전거처럼 파란자전거는
어린이와 청소년이 혼자 힘으로도 바르게 설 수 있도록 도와줍니다.

어린이제품안전특별법에 의한 제품 표시
제조자명 파란자전거 \ **제조년월** 2017년 8월 \ **제조국** 대한민국 \ **사용연령** 만 9세 이상 어린이 제품

 롬이와 함께하는 신기한 주전자 속 **물길 여행**

수돗물이 뚝!

신정민 글 | 조은애 그림

파란자전거

글쓴이의 말

만약에 수돗물이 뚝 끊긴다면…

콸콸콸, 콰르르르르…….

언제든지 수도꼭지만 돌리면 맑은 물이 촬촬 쏟아져 나와요.

하지만 어느 날 갑자기 수돗물이 뚝 끊어진다면 어떻게 될까요? 세수도, 목욕도, 양치질도 할 수 없어요. 물론 밥을 짓거나 국을 끓일 수도 없어요. 빨래도 할 수 없고, 더러워진 물건을 깨끗이 닦을 수도 없고, 설거지며 걸레질도 할 수 없어요. 무엇보다 곤란한 건 당장 목이 말라도 물을 마실 수 없고, 화장실 변기도 사용할 수 없다는 거예요.

"뭐 어때? 하루 이틀쯤은 물 없이도 충분히 살 수 있는걸."

하지만 일주일이나 열흘쯤, 혹은 한 달이 넘도록 물이 나오지 않는다면요? 아마 제대로 씻지도 못하고 먹지도 못해, 그야말로 거지꼴이 되어 있을 거예요. 그 뒤로도 계속 물이 나오지 않는다면 결국은 물을 찾아서 그곳을 떠나야겠지요.

 아무리 좋은 집, 좋은 환경에서 산다고 해도, 물이 나오지 않으면 우리는 살 수 없어요. 사람이 살기 위해선 공기도 필요하고 먹을 것도 필요하지만, 물도 꼭 필요하답니다. 그 때문에 까마득히 먼 옛날부터 우리 조상들은 강이나 호수 근처에 마을을 이루고 살았던 거예요.

 물은 우리가 생활하는 데에만 필요한 게 아니에요. 논밭에서 곡식이랑 채소를 가꿀 때에도, 가축을 기를 때에도, 공장에서 물건을 만들 때에도, 심지어 전기 등의 에너지를 만들 때에도 필요해요.

 또한 물은 사람들에게만 필요한 것이 아니라, 지구 위에 살고 있는 모든 동물과 식물에게도 필요해요. 그래서 물을 '생명의 원천'이라고 하는 거예요.

 그렇다면 이렇게 중요하고, 우리 생활에 두루 쓰이는 물은 어디에 있는 걸까요?

 깜깜한 우주에 둥둥 떠 있는 지구는 3분의 2가 물로 뒤덮여 있어요. 그래요, 그건 바로 바닷물이에요. 온통 푸른빛의 바다 때문에 지구는 파랗게 보이지요. 하지만 실은 바로 우리 눈앞, 보이지 않는 공기 속에도 물은 둥둥 떠 있어요. 너무나 작고 가벼워 공기처럼 된 물방울들이 수없이 떠

돌고 있는 거예요. 그러니까 물은 지구 전체를 뒤덮고 있는 셈이에요.

하지만 우리가 실제로 마실 수 있는 물은 강이나 호수, 그리고 땅속의 지하수가 전부예요. 그 정도면 너무너무 많으니까, 온 세상 사람들이 충분히 쓰고도 남겠다고요? 천만에요!

지구에 있는 물이 모두 합해 1000컵이라면, 그중 대부분인 970컵은 짜디짠 바닷물이에요. 또 나머지 30컵 중 대부분은 남극과 북극에 얼음으로 꽁꽁 얼어 있거나, 너무나 깊은 땅속에 갇혀 있어서 우리가 쓸 수 없어요. 결국 지구 위의 모든 사람들과 동물, 식물은 겨우 2~3컵을 가지고 살아가는 것이지요. 다행히 그 2~3컵의 물은 끊임없이 세상을 돌고 돌기 때문에, 모두가 나눠 쓰고 다시 쓸 수 있는 거예요.

하지만 지구 위에 사는 사람들의 수는 해마다 부쩍부쩍 늘어나고 있어요. 그에 따라 물을 사용하는 양도 크게 늘어나고, 생활이 편리해지면서 깨끗한 물은 더욱더 많이 필요해지고 있어요. 이 때문에 오늘날 지구촌 곳곳에서는 심각한 물 부족 현상이 일어나고 있답니다. 물론 우리나라도 예외는 아니에요. 지금 당장은 수도꼭지에서 물이 콸콸 쏟아져 나오지만, 한두 해만 비가 적게 내려도 크나큰 어려움을 겪게 될 수 있거든요. 실제로 우리나라는 사막이 많은 리비아나 이집트처럼 '물 부족 국가'에 속한답니다.

그런데 문제는 그뿐이 아니에요. 물이 부족하다 보니 커다란 댐을 만들거나 지하수를 마구 퍼 올려서 환경이 파괴되고, 때로는 세상 곳곳에서 끔찍한 지진이 일어나기도 해요. 게다가 하나의 강물을 끌어다 쓰는 나라들은 서로 더 많은 물을 쓰기 위해 전쟁을 벌이기도 하지요. 물론 전 세계적으로 물이 오염되는 것도 너무나 심각한 일이에요. 공장에서 나오는 갖가지 화학 물질과 중금속, 농촌에서 나오는 농약과 가축의 분뇨, 그리고 각 가정에서 버려지는 합성 세제와 음식물 쓰레기들……. 이런 것들로 더럽혀진 물은 강과 바다의 물고기만 병들게 하는 것이 아니라, 결국은 우리들까지도 병들게 하지요.

그렇다면 우리는 어떻게 온 세상의 물을 맑게 할 수 있을까요? 어떡하면 우리 모두가 물 부족을 겪지 않고, 깨끗하고 안전한 물을 마음껏 마실 수 있을까요? 여러분, 친구 롬이와 함께 신기한 주전자 속 세상을 여행하며 곰곰이 생각해 보기로 해요. 자, 그럼 출발~.

2009년 봄 신정민

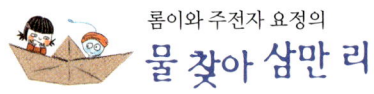

롬이와 주전자 요정의
물 찾아 삼만 리

글쓴이의 말
만약에 수돗물이 똑 끊긴다면… 4

1. 물, 물을 주세요! 10
- 💧 물이 필요해! 24
- 💧 수돗물은 어디에서 올까? 26

2. 열 번째 물의 비밀 28
- 💧 세상을 돌고 돌아요 46
- 💧 마실 수 있는 물, 마실 수 없는 물 48
- 💧 지구의 마법사 물! 50

3. 검은 악마의 마법 54
- 물, 물, 물, 물이 부족해! 68
- 물 부족 국가 한국?! 70
- 내 물이야, 내 물! 72
- 물을 찾아라! 74

4. 땀방울이 뚝뚝뚝! 76
- 더러운 물은 싫어! 92
- 푹푹 썩어 가는 강물! 94
- 끙끙 앓는 바다! 96
- 내가 버린 물을 내가 마신다고?! 98

5. 난쟁이가 남긴 선물 100
- 물, 아껴 쓰고 다시 써요! 114
- 깨끗한 물, 우리가 지키자 116
- 물을 얻기 위한 또 다른 노력 118

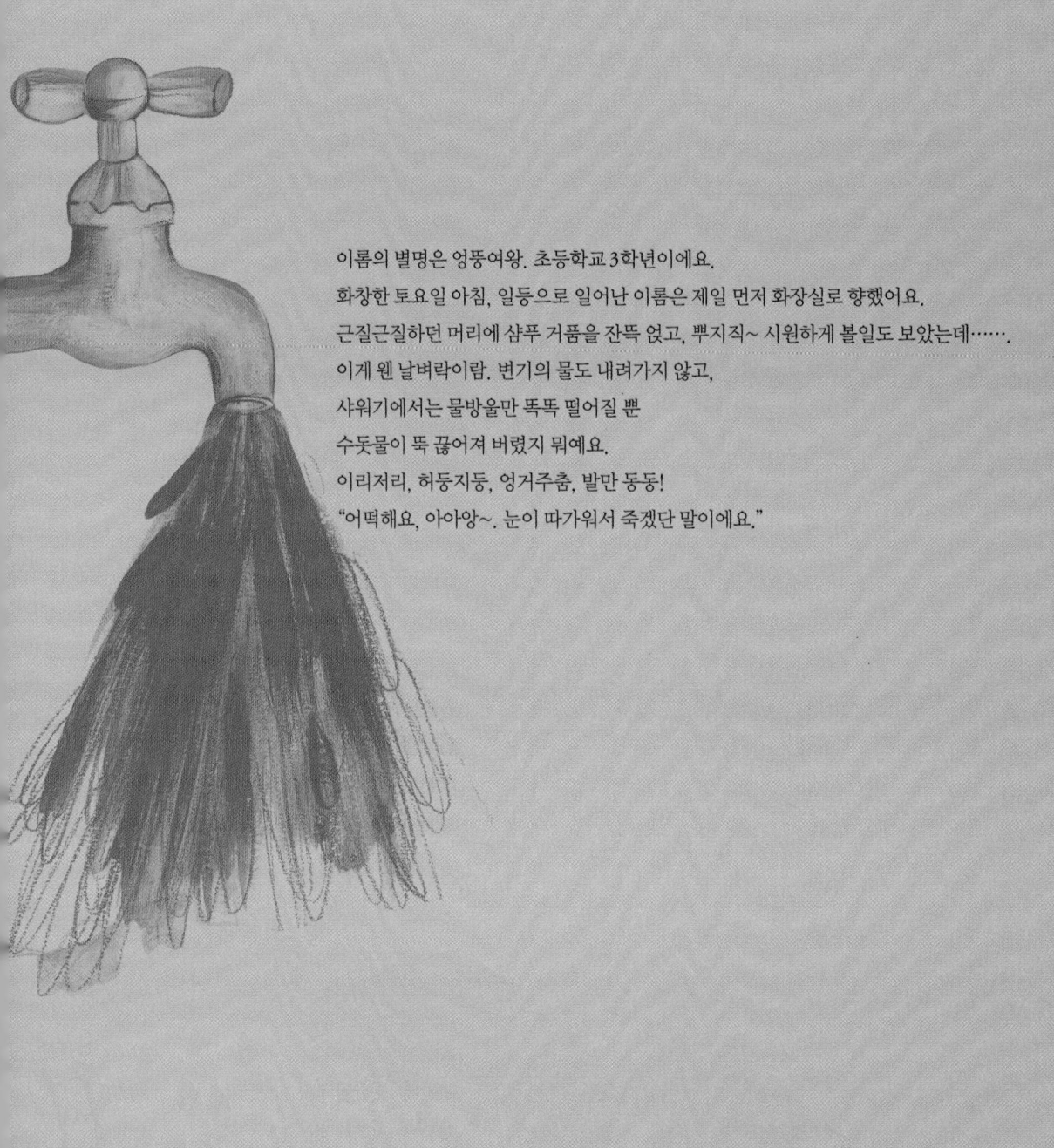

이롬의 별명은 엉뚱여왕. 초등학교 3학년이에요.
화창한 토요일 아침, 일등으로 일어난 이롬은 제일 먼저 화장실로 향했어요.
근질근질하던 머리에 샴푸 거품을 잔뜩 얹고, 뿌지직~ 시원하게 볼일도 보았는데…….
이게 웬 날벼락이람. 변기의 물도 내려가지 않고,
샤워기에서는 물방울만 똑똑 떨어질 뿐
수돗물이 뚝 끊어져 버렸지 뭐예요.
이리저리, 허둥지둥, 엉거주춤, 발만 동동!
"어떡해요, 아아앙~. 눈이 따가워서 죽겠단 말이에요."

1. 물, 물을 주세요!

내 이름은 이롬이다. 얼굴도 보통, 공부도 보통, 운동도 보통인 초등학교 3학년 여자아이.

하지만 사람들은 나를 보고 좀 괴짜라고 한다. 종종 엉뚱한 말을 하거나 이상한 행동을 하기 때문이다. 이를테면 해수욕장에서 인어를 찾으려고 뽀글뽀글 잠수만 한다든지, 은박 종잇조각을 마구 날리며 두 팔을 파닥거린다든지, 시험 시간에 창밖을 내다보며 외계인을 기다린다든지…….

그래서 어른들은 가끔 나한테 이렇게 묻곤 한다.

"넌 도대체 무얼 먹기에 그렇게 엉뚱한 거니?"

하지만 나는 그때마다 피식 웃어넘기곤 한다. 동화 속 이야기가 진짜인지 확인해 보려는 건데, 그게 그렇게 이상한가?

아무튼 피곤한 일주일이 지난 뒤 마침내 찾아온 토요일.

"아함, 잘 잤다!"

나는 크게 기지개를 켜며 자리에서 일어났다.

그런데 아무리 생각해 봐도 참 희한한 일이다. 노는 날만 되면 왜 나는 엄마가 깨우지 않아도, 정확히 7시에 자동으로 눈이 딱 떠지는 걸까?

오늘도 제일 먼저 일어난 나는 거실과 안방을 오락가락하다 화장실로 갔다. 이런 날 엄마랑 아빠는 알람을 맞춰 놓지도 않고, 해가 하늘 한가운데 떠오를 때까지 푹 잘 거다. 배가 좀 고프긴 하지만, 그렇다고 엄마를 깨울 순 없는 노릇. 평소에 늘 일에 쫓겨 사는 엄마와 아빠. 오늘 같은 날만이라도 편하게 해 드려야지. 후훗, 그러고 보면 나도 꽤 마음씨가 착한 편인 것 같다.

나는 일단 오줌을 누고 콸콸콸 물을 내린 다음, 어제저녁부터 근질근질하던 머리를 감기로 했다. 시원하게 머리를 감으면서 오늘 할 일을 생각해 봐야지. 오전 중엔 컴퓨터 게임을 하고, 점심을 먹은 다음에는 휴대용 게임기로 두어 시간 동안 놀고……. 그러다 보면 엄마는 책 좀 보라고 잔소리를 하겠지? 그럼 만화책이나 동화책 한두 권쯤 가볍게 봐 줘야겠다. 또 저녁때는 텔레비전 앞에 붙어 앉아 빈

둥거리다가, 맛있는 치킨이나 피자 사 달라고 해서 신나게 먹어야지. 나는 특히 그런 음식들이랑 곁들여 마시는 콜라가 너무너무 좋다. 한 컵 쭈욱 마시면 짜르르한 느낌과 함께 목구멍으로 넘어간 뒤 코끝을 톡 쏘는 그 맛! 아아……, 앗!

이런저런 생각을 하며 머리를 감고 있는데 갑자기 똥이 마렵다는 신호가 왔다.

'그래, 시원하게 볼일 좀 볼까?'

나는 머리에 잔뜩 샴푸 거품을 얹은 채로 변기에 앉았다. 똥을 누는 동안 샴푸에 들어 있는 영양 성분이 머리카락 속에 듬뿍 스며들 테니, 이거야말로 일석이조란 생각이 들었다.

"휴, 냄새!"

나는 중간에 변기 물을 콸콸 내리고는 또다시 똥을 누었다.

'히야, 오늘은 정말 완벽한 하루가 되겠군! 머리 감고 똥까지 시원하게 누었으니, 온종일 펑펑 신나게 놀 일만 남았어.'

하지만 이게 어찌 된 일일까? 볼일을 다 보고 나서 변기 손잡이를 눌렀는데, 덜컥덜컥 소리만 날 뿐 물이 내려가질 않는 것이었다. 그러고 보니 조금 전 물을 내렸을 때에도, 안에 있던 물은 내려갔지만 새 물이 차오르지 않았던 것이다. 그 때문에 변기 속은 차마 눈 뜨고 보기 민망한 꼴이 되어 있었다.

'아유, 이걸 어째? 휴, 나도 모르겠다. 아무튼 머리부터 헹구고 보자.'

나는 등 뒤로 변기 뚜껑을 살짝 덮은 뒤, 샤워기를 들고 수도꼭지를 틀었다. 하지만, 아뿔싸! 웬일인지 조금 전까지만 해도 잘 나오던 수돗물이 뚝 끊긴 것이었다. 아무리 수도꼭지를 돌리고 통통 두드려 보아도, 샤워기 호스 안에 남아 있던 물방울만 똑똑 떨어질 뿐이었다.

"으으, 정말 미치겠네!"

이리저리 허둥거리는 사이 머리에 묻어 있던 거품이 조금씩 흘러내려 눈으로 들어오고 있었다.

"아유, 따가워! 아이고, 내 눈! 엄마, 엄마!"

엉거주춤 허리를 굽힌 채 한참이나 발을 동동 구르고 화장실 문을 쿵쿵거린 뒤에야, 엄마가 부스스한 머리를 하고 눈을 비비며 나타났다.

"아니, 아침부터 도대체 무슨 소란이야?"

엄마는 화장실에서 허둥거리는 나를 보고는 눈을 휘둥그렇게 뜨고 물었다.

"엄마! 무, 무, 물이 안 나와요! 수도가 고장 났나 봐요."

"에구머니나! 변기 속은 또 왜 이 지경이야?"

엄마는 아무래도 단수가 된 모양이라며, 집 안 이곳저곳에 있는 수도꼭지들을 틀어 보았다. 과연 부엌에 있는 것도 베란다에 있는 것도 모두 크르륵 소리만 낼 뿐 물이 흘러나오지 않았다.

"어떡해요, 엉엉……. 눈이 따가워서 죽겠단 말이에요."

"에이그, 단수가 될 거면 미리 알려 줬어야지. 당장 관리실에 가서 따져야겠다."

 엄마는 냉장고 속에 있던 생수로 내 머리를 헹궈 주며 투덜거렸다. 물이 어찌나 차가운지 나는 머리가 띵하고, 머리카락이 통째로 뽑혀 나가는 듯 아팠다. 그렇게 정신이 번쩍 들고 보니 문득 생각나는 게 있었다.

 "아 참, 그러고 보니 며칠 전에 단수된다는 방송이 나왔었어요."

 "뭐야? 저, 정말?"

 "그래요, 며칠 뒤에 삼 일 동안 물이 안 나올 테니까 미리 잔뜩 받아 놓으라고……."

 "어휴, 그럼 진작 엄마한테 알려 줬어야지."

 하지만 나는 그다지 방송을 귀담아듣지도 않았고, 들은 다음에는 곧바로 한쪽 귀로 흘려버렸었다. 나한테는 별로 중요한 일 같지 않았으니까.

 솔직히 잘못이라면 엄마한테 더 있는 거다, 뭐. 요즘 일이 바빠서 매일 늦게 들어온 건 이해하지만, 그런 중요한 일은 엄마가 알아서 챙겼어야지. 아빠도 나랑 생각이 같은지, 나보다는 엄마를 더 탓했다.

 "쯧쯧……. 이럴 때를 대비해서 즉석 밥이라든가 비상식량을 준비해 뒀어야죠."

 그러고 보니 물이 안 나오니까 씻는 것이나 볼일 보는 것은 물론

이고 밥도 해 먹을 수가 없었다. 그래서 우리 가족은 할 수 없이 밖에 나가서 사 먹기로 했다.

"에구구, 이게 무슨 꼴이냐. 아침부터 세수도 못 하고 이리저리 먹을 걸 찾아다니다니……."

식당을 찾아다니며 아빠가 투덜거렸다.

알고 보니 사흘 동안 단수가 되는 까닭은, 아파트에 있는 물탱크를 좀 더 큰 것으로 교체하는 공사가 있기 때문이었다. 집집마다 물을 너무 많이 쓰는 통에, 지금까지 써 온 물탱크로는 도저히 감당할 수 없다는 것이었다. 하긴 전에도 가끔 어른들 사이에서 그런 말이 오가는 것을 들은 적이 있었다. 물탱크가 작아서 물이 너무 시원찮게 나온다는 둥, 수돗물이 중간에서 새는 것 같다는 둥, 이불 빨래 한 번 하려면 세탁기를 몇 시간이나 돌려야 한다는 둥……. 하지만 관리실 아저씨 말로는 솔직히 물탱크보다는 아파트 사람들이 더 문제라고 했다.

"쯧쯧쯧, 이 동네 사람들은 물을 너무 펑펑 쓴단 말씀이야."

생각해 보니 나도 좀 찔리는 구석이 있었다. 샤워하거나 머리 감을 땐 물을 줄곧 틀어 놓았고, 가끔은 침 한 번 뱉고 변기 물을 내리기도 했으니까.

휴, 아무튼 수돗물이 끊긴 첫날 아침부터 이 소동이니, 앞으로 사흘 동안 물 없이 어떻게 지낼까? 아마도 사흘이 지난 뒤 우리 식구는 정말로 거지꼴이 되어 있을지도 모른다.

나랑 엄마랑 아빠는 큰길가에 있는 식당에서 우거지 해장국을 먹으며 긴급 가족회의를 했다.

"집에 돌아가는 길에 슈퍼에 들러서 사흘 동안 먹을거리를 삽시다."

"생수를 잔뜩 사다 놓고, 가끔 세수할 때도 써야죠."

"빨래도 할 수 없으니 옷은 그냥 지금 입고 있는 것으로 사흘 동안 지냅시다."

여기까진 좋았는데 그다음이 문제였다.

"그런데 똥은 어떻게 눠요?"

내가 묻자 엄마랑 아빠는 우거지상이 되어 서로 얼굴을 쳐다보며 한참이나 궁리했다.

"옆집 민재네 가서 누면 안 될까? 아 참, 그 집도 역시 물이 안 나오겠지?"

"똥 마려울 때마다 근처 은행 같은 델 찾아가면 어떨까? ……아 참, 휴일이라 문을 닫을 텐데."

"끙……. 앞 동네 공원에 있는 공중 화장실로 가는 건 어때?"

"에구, 똥마려울 때마다 거기까지 뛰어가다간 도중에 싸고 말겠어요. 차라리 그 옆에 텐트를 치고 지내는 게 낫지."

여기까지 이야기하던 엄마와 아빠는 갑자기 동시에 "아하!" 하고 소리쳤다.

"그럴 게 아니라 오늘하고 내일 여행을 떠납시다!"

"내 말이 그 말이에요!"

엄마와 아빠의 말인즉슨, 휴일 동안 온천이나 수목원 같은 데 가서 즐겁게 놀고, 월요일 아침 일찍 돌아오자는 얘기였다.

"아이, 싫어요! 나는 집에 있을래요."

나는 세차게 손사래를 쳤다. 그렇게 여행을 간다면 오늘 아침에 세운 멋진 내 계획이 엉망진창이 될 게 뻔하다. 텔레비전을 보다가 지치면 늘어지게 낮잠도 자고, 신나게 컴퓨터 게임도 하고, 또 내일

친구들이랑 메신저 하기로 했던 것도 물거품이 되고 말 테니까. 게다가 이 모든 것을 엄마 잔소리 없이 누릴 수 있는 절호의 기회인데……. 난 절대 따라갈 수 없다.

"엄마 아빠 둘이서만 다녀와요. 난 절~대 못 가요!"

엄마 아빠는 한사코 함께 가자고 했지만 나는 끝까지 고집을 부렸다. 이렇게 해서 나는 혼자 집에 남고, 엄마랑 아빠는 가까운 곳으로 1박2일 여행을 가기로 했다. 그 대신 엄마랑 아빠는 내가 먹을 식량과 물을 잔뜩 사 놓았고, 옆집 민재네 엄마에게 혼자 있는 나를 잘 지켜봐 달라고 부탁해 놓았다.

"야호, 드디어 해방이다!"

나는 엄마 아빠가 현관문을 나서자마자 두 팔을 벌리고 만세를 불렀다. 사실 이따 밤에 혼자서 자려면 좀 무섭긴 하겠지만, 뭐 어때? 거실에서 형광등이랑 텔레비전 켜 놓고 자면 되지. 아무튼 나는 이틀 동안 누구의 잔소리도 듣지 않고, 눈치도 보지 않고, 마음껏 인터넷이랑 게임을 할 수 있다는 게 너무너무 신이 났다.

물이 필요해!

우리는 공기가 없으면 단 한순간도 살 수 없어요. 하지만 공기는 늘 우리 주변을 둘러싸고 있지요. 힘들이지 않고 그냥 숨만 쉬면 공기는 우리 몸속으로 쑥쑥 들어와, 우리가 살아갈 수 있도록 해 준답니다.
우리가 살아가는 데 있어, 공기와 함께 또 하나 빼놓을 수 없는 것! 그건 바로 물이에요. 우리는 매일 물을 마시고, 물이 포함되어 있거나 물을 이용해 조리한 음식을 먹고 살아요. 밥에도 보통 60퍼센트가 넘는 수분이 함유되어 있지요.
그런데 혹시 알고 있나요? 사람 몸의 약 70퍼센트가 다름 아닌 물로 이루어졌다는 것!
사람뿐만 아니라 지구에 살고 있는 대부분의 동물과 식물은 물이 필요해요. 물은 생명체의 몸속 기관이 제 기능을 할 수 있도록 도와주거든요.

우리 피의 약 90퍼센트, 근육의 약 75퍼센트는 물이에요.

물은 몸속의 산소와 영양분을 구석구석에 있는 세포들에게 전달해 줍니다. 그러면 뇌와 심장, 간, 폐, 대장, 소장 등을 이루고 있는 세포들이 에너지를 얻어 제대로 활동할 수 있어요.
식물 역시 뿌리를 통해 물을 빨아들여요. 이렇게 빨아들여진 물은 햇빛과 함께, 식물이 살아가는 데 필요한 여러 가지 물질을 만들어 내지요.
그뿐이 아니에요. 가구, 가전제품, 장난감 등을 만들 때도, 차를 닦거나 가축을 기르거나 전기를 만들 때도 물이 필요해요.

몸속의 물은 똥이나 오줌, 땀 등으로 끊임없이 배출되기 때문에, 우리는 매일 새로운 물을 필요로 해요. 만약 몸속에 물이 조금만 모자라도 우리는 갈증을 느끼게 되지요. 또 12퍼센트 정도가 모자라도록 물을 공급해 주지 않으면 생명을 잃게 돼요.

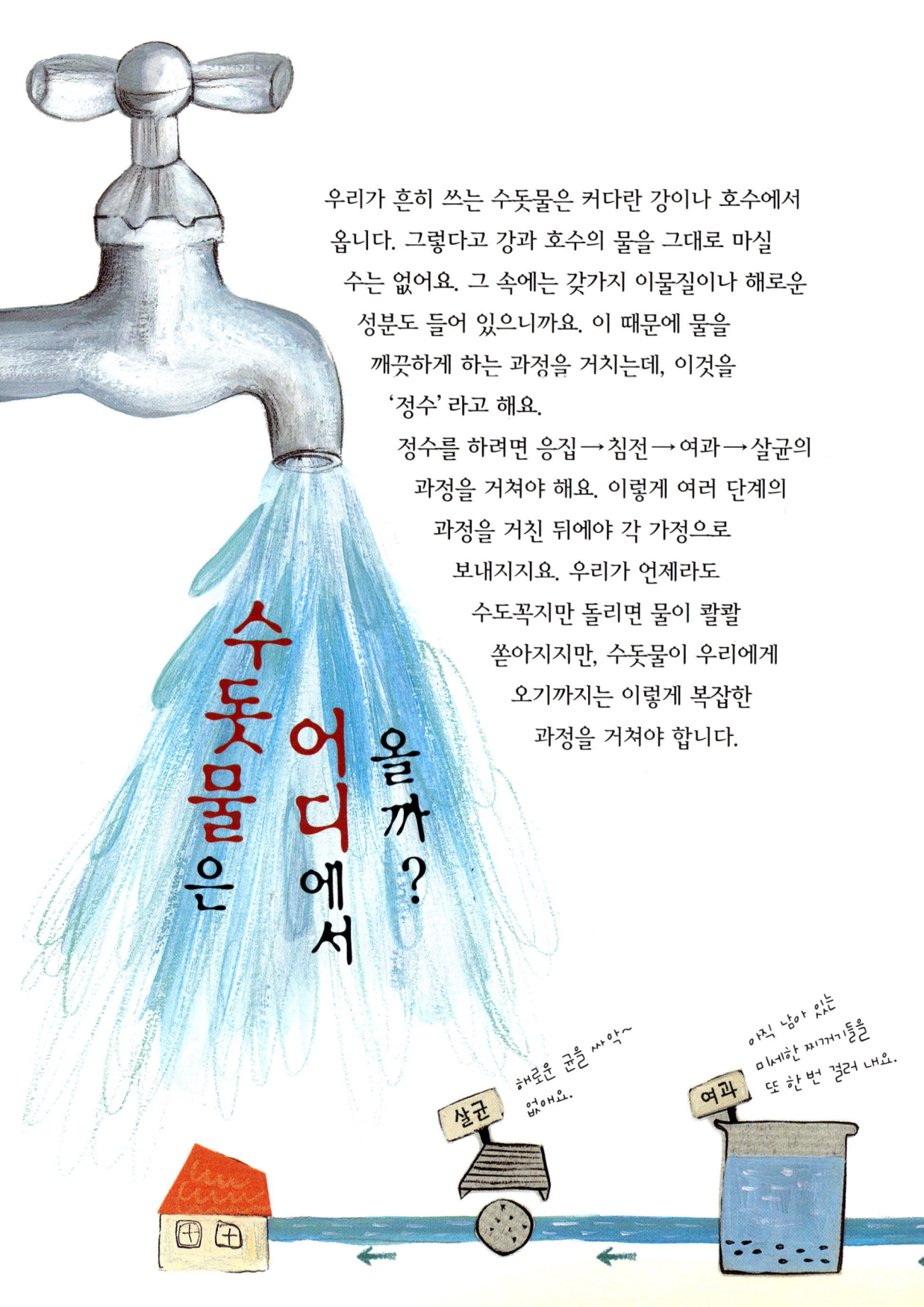

우리가 흔히 쓰는 수돗물은 커다란 강이나 호수에서 옵니다. 그렇다고 강과 호수의 물을 그대로 마실 수는 없어요. 그 속에는 갖가지 이물질이나 해로운 성분도 들어 있으니까요. 이 때문에 물을 깨끗하게 하는 과정을 거치는데, 이것을 '정수'라고 해요.

정수를 하려면 응집→침전→여과→살균의 과정을 거쳐야 해요. 이렇게 여러 단계의 과정을 거친 뒤에야 각 가정으로 보내지지요. 우리가 언제라도 수도꼭지만 돌리면 물이 콸콸 쏟아지지만, 수돗물이 우리에게 오기까지는 이렇게 복잡한 과정을 거쳐야 합니다.

수돗물은 어디에서 올까?

살균 - 해로운 균을 싹악~ 없애요.

여과 - 아직 남아 있는 미세한 찌꺼기들을 또 한 번 걸러 내요.

그렇다면 우리가 쓰고 버린 물은 어디로 갈까요?
결론부터 말하자면, 강에서 온 물은 다시 강으로 돌아가요. 하지만 쓰고 버린 물을 그대로 흘려보내면 강물이 온통 오염되고 말겠지요. 그래서 우리가 쓴 물도 깨끗하게 정화하는 과정을 거친 뒤 강으로 보내진답니다.
다만 변기에서 내린 물은 곧바로 하수 처리장으로 가지 않고, 먼저 집 안에 있는 정화조를 거치게 돼요. 정화조 안에서는 덩어리진 오물이 차곡차곡 가라앉고, 맑게 걸러진 물만 하수 처리장으로 보내지는 것이죠.
그럼 정화조 안에 가득 찬 오물은 어떻게 하냐고요? 그건 나중에 분뇨차가 와서 한꺼번에 청소해 줘요. 분뇨차에 실린 오물은 분뇨 처리장으로 옮겨져 깨끗하게 정화한 다음, 역시 강이나 바다로 흘려보내요.

어디로 가는 거지?

책에서 봤는데, 정화조로 가는 거래.

정화조

침전: 바닥에 가라앉은 찌꺼기들을 따로 걸러 내요.

응집: 약품을 이용해 물속의 작은 찌꺼기들을 뭉치게 해요.

취수장: 강이나 저수지에서 물을 끌어들여 정수장으로 보내요.

"으아악! 도, 도, 도깨비다!"
작은 주전자 속에 오백 년이나 갇혀 있었다는 난쟁이 요정.
이롬은 마법에 걸린 난쟁이를 구하기 위해 주전자 속으로 들어갑니다.
작디작은 주전자 속 세상은 우리가 살고 있는 세상과 똑같았어요.
물방울을 타고 수증기가 되어 하늘 높이 둥둥둥,
작은 물방울이 되어 구름 속으로 뭉게뭉게,
빗방울이 되어 땅속 물길을 따라 졸졸졸…….
세상에서 가장 소중한 열 개의 물방울을 모아야
마법에서 풀려난다는 난쟁이 요정.
과연 이롬이 난쟁이를 구해 낼 수 있을까요?

2. 열 번째 물의 비밀

"앗, 내 휴대용 게임기가 어디 갔지?"

한참 인터넷을 한 뒤 게임기를 찾아보았지만 도무지 눈에 띄지가 않았다.

'혹시 엄마 아빠가 챙겨 간 건 아닐까?'

얼른 전화를 해 보았지만 엄마 아빠도 모른다며 딱 잡아떼는 것이었다.

'쳇, 내가 게임 너무 많이 할까 봐 숨겨 놓은 걸 모를 줄 알고?'

나는 방방마다 뛰어다니며 옷장과 서랍장, 책상을 모두 뒤져 보았다. 심지어 주방 찬장이며 냉장고 속까지 뒤졌지만 게임기는 찾을 수가 없었다.

"아하!"

그러고 보니 베란다 한쪽 구석에 엄마가 온갖 잡동사니를 넣어 두는 붙박이장이 있었다.

"으아아! 사람 살려!"

붙박이장 문을 열자마자 아무렇게나 마구 쌓여 있던 물건들이 우르르 쏟아져 버렸다. 고장 난 선풍기, 먼지가 뽀얗게 덮인 옛날 사진첩, 시계, 깡통 몇 개랑 유치원 다닐 때 내가 입던 옷들……. 겨우 잡동사니를 헤집고 정신을 차려 보니, 선반 위에 뭔가 금빛으로 반짝 빛나는 것이 유난히 눈에 띄었다.

"저, 저게 뭐지? 혹시 마술 램프……?"

조심조심 꺼내 보니 그것은 과연 동화 속에서 보았던 알라딘의 마술 램프랑 비슷했다.

'우리 집이랑 어울리지 않게 웬 이런 게 다 있담?'

한편으로 그런 생각이 들기도 했지만, 나는 혹시나 하는 마음에 램프를 쓱쓱 문질러 보았다.

'흠, 역시 램프의 거인은 나오지 않네…….'

그런데 좀 이상한 건, 아무리 뚜껑을 잡아당겨도 열리지 않는 것이었다. 나는 램프를 이리저리 흔들기도 하고 툭툭 두드려 보기도 하다가, 나중에는 거꾸로 번쩍 들고서 쿵쿵쿵 뛰어 보기도 했다.

바로 그때였다. 램프에서 안개 같은 것이 모락모락 나오는 듯싶더니, 순식간에 앞이 전혀 보이지 않을 정도가 되어 버렸다. 꼭 구름 속에 갇혀 버린 기분이라고나 할까?

그런데 잠시 뒤 어디선가 웬 꼬맹이의 목소리가 들려왔다.

"안녕? 만나서 반가워."

내가 두리번거리는 사이 안개는 조금씩 걷히고, 눈앞에는 하늘을 향해 까딱거리고 있는 발 두 개가 보이는 것이었다.

"으아악! 도, 도, 도깨비다!"

나는 깜짝 놀라서 허둥지둥 도망가려다 잔뜩 어질러져 있는 잡동사니들 사이에 쿵 주저앉고 말았다.

"히힛, 무서워하지 마. 난 나쁜 사람 아니니깐."

그렇게 말하는 건 발이 위에 달리고 머리가 아래에 붙은 도깨비, 아니 물구나무서 있는 작은 난쟁이였다. 생김새는 꼭 귀여운 유치원 꼬마 아이 같았지만, 옷차림은 영락없이 〈알라딘과 요술 램프〉에 나오는 '램프의 거인'을 닮아 있었다.

"너, 너, 넌……, 누구냐? 혹시 래, 래, 램프

의 거인……?"

하지만 난쟁이는 고개를 저었다.

"아니, 난 저 주전자 속의 요정이야."

난쟁이가 램프를 가리키며 말했다.

"주전자라니? 램프가 아니고……?"

"후훗, 잘 봐. 저게 어디 램프처럼 생겼니? 나는 못된 마법사의 마법에 걸려서 저 작은 주전자 속에서 살고 있는 거라구."

그러고 보니 그것은 주둥이와 손잡이가 달려 있고 뚜껑까지 있는 주전자가 틀림없어 보였다.

"그, 그런데 어떻게 밖으로 나오게 된 거야?"

내가 놀란 가슴을 가라앉히며 묻자 난쟁이는 배시시 웃으며 대답했다.

"방금 네가 날 불러냈잖아. 주전자를 거꾸로 들고 쿵쿵쿵, 세 번 뛰기."

아하, 그러니까 조금 전의 내 행동이 우연히도 주전자 속 요정을 불러내는 방법이었던 거다. 하지만 이렇게 주전자 밖으로 나오는 건 아주 잠깐일 뿐, 난쟁이는 곧 주전자 속으로 다시 빨려 들어갈 것이라고 했다.

"제발 나를 구해 줘. 그럼 너한테 아주 소중한 선물을 줄게."

난쟁이는 심각한 얼굴로 말했다.

"선물?…… 하지만 내가 널 어떻게 구한단 말이야?"

"음, 전설에 따르면……."

난쟁이는 자기를 구할 수 있는 건 '열 번째 물'을 뜻하는 이름을 가진 아이뿐이라고 했다. 오백 년 뒤에 나타날 그 아이가 주전자 속에서 자기를 불러내고, 또 주전자 속으로 함께 들어가서 난쟁이를 구해 낼 거라나?

"쳇, 내 이름은 '이롬'인걸. 어디에 열 번째 물이란 뜻이 담겨 있다는 거야?"

"이롬이라……."

난쟁이는 잠시 생각하더니 "아하!" 하고 소리쳤다.

"여기는 한국이라는 나라지? 한글로 쓴 네 이름을 거꾸로 봐 봐. 나처럼 물구나무서서 보듯이 말이야."

"그럼……, 물…… 10……. 앗, 정말 '물10'이 되네!"

사실 내 이름은 '세상을 이롭게 하라'는 뜻으로, 돌아가신 할아버지께서 지어 주신 것이었다. 그걸 거꾸로 하니까 '열 번째 물'이란 뜻이 되다니, 정말 신기한 일이었다.

"아아, 이제 난 조금씩 빨려 들고 있어. 제발 주전자 속으로 들어

와서 나를 구해 주렴. 그건 곧 세상을 이롭게 하는 일이기도 해. 제발 나를……."

난쟁이가 안타까운 목소리로 말했다. 아니나 다를까 난쟁이의 발끝이 뭉실뭉실한 안개처럼 변하더니 서서히 주전자 속으로 빨려 들어가고 있었다.

"그런데, 내가 어떻게 저 속으로 들어가냐구?"

내가 묻자 난쟁이는 얼굴만 남은 채 다급하게 말했다.

"네 몸에서 나온 물방울 하나를 주전자 속에 넣으면……."

그러고는 이내 완전히 주전자 속으로 빨려 들어가고 말았다.

그때 현관에서 초인종이 요란하게 울렸다.

"롬아, 롬아! 무슨 일이 있는 거니?"

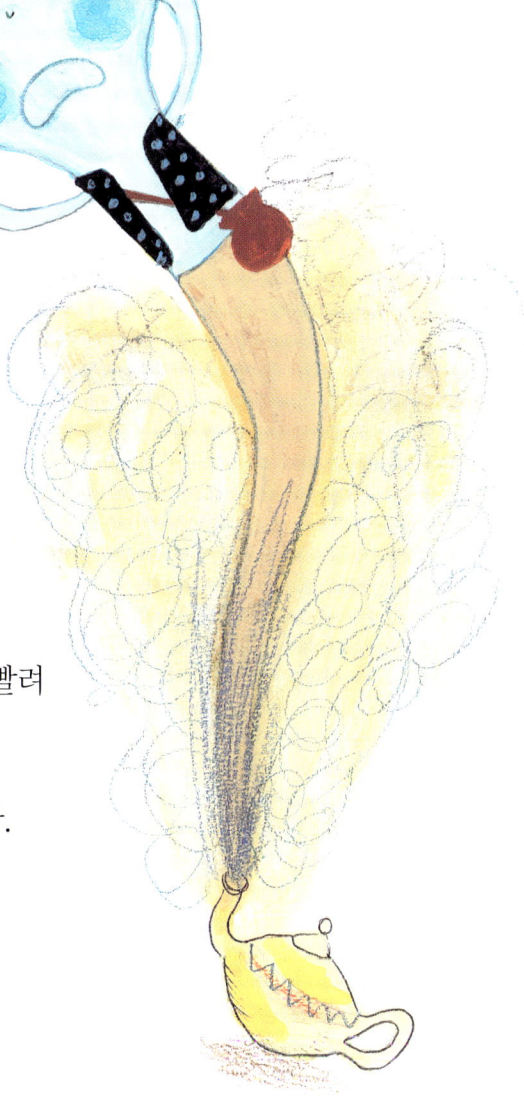

옆집 민재네 아주머니였다.

"쿵쿵 소리도 나고 비명 소리도 들린 것 같아서 와 본 거야. 별일 없지?"

아주머니가 걱정스런 눈으로 집 안을 살피며 물었다.

"아, 네……. 별일 아니에요."

나는 그냥 텔레비전에서 나온 소리라고 둘러대고는 아주머니를 돌려보냈다. 그러고는 다시 그 램프, 아니 주전자 앞으로 다가갔다.

"휴, 나더러 자기를 구해 달라고? 만약 그랬다가 나까지 주전자 속에 갇히면 어떡해? ……하지만, 저 좁은 곳에 오백 년 동안 갇혀 있었다니 너무 답답하겠다."

나는 주전자를 앞에 놓고 한참이나 고민했다. 그러다 마침내 마음을 단단히 먹고는 주전자에 대고 힘주어 말했다.

"좋아, 불쌍한 난쟁이를 내가 구해 주지. 세상을 이롭게 하는 것이라면, 마땅히 이롬이 해야 할 일이기도 하니까!"

내가 제일 먼저 해야 할 일은 '내 몸에서 나온 물방울'을 만드는 일이었다.

"어떡하면 좋을까? 더럽게 침을 뱉을 수도 없고, 오줌을 눌 수도 없고……."

그때 갑자기 콧속이 간질간질하더니 입을 가릴 새도 없이 한바탕 크게 재채기가 나왔다.

"에취!"

그와 함께 한쪽 코에서 콧물이 쭉 흘러나왔다.

"아하, 바로 이거야!"

나는 코를 주전자의 주둥이에 대고서 콧물을 찔끔 흘려 넣었다. 그러자 놀랍게도 내 몸이 스르르 주전자 속으로 빨려 들어가는 것이었다. 잠깐 무서운 생각이 들기도 했지만, 미처 어찌할 틈도 없이 나는 순식간에 주전자 속으로 들어와 있었다.

"와아! 주전자 속에 이런 세상이 있었잖아!"

나는 사방을 둘러보며 입을 쩍 벌렸다. 놀랍게도 그곳에는 진짜 세상만큼이나 넓고 넓은 또 다른 세상이 펼쳐져 있었다. 그리고 내가 서 있는 곳은 눈이 부시도록 아름다운 바닷가였다.

"정말로 와 주었구나. 고마워, 이롬."

돌아보니 하얀 모래사장 한가운데 아까 보았던 난쟁이가 똑바로 서 있었다.

"주전자 속이라 갑갑할 줄 알았는데, 이렇게 넓은 세상이 있는 줄은 몰랐어."

내가 말하자 난쟁이는 작은 주머니 하나를 꺼내 들었다. 그 속에는 손톱만큼이나 작은 물병 열 개가 들어 있었고, 난쟁이는 그중 한

개의 뚜껑을 열었다. 그러자 물병 속에 들어 있는 물 한 방울이 공중으로 둥둥 떠올랐다.

"잘 보렴, 롬아. 이건 아주 작은 물방울이지만, 이 속에 무엇이 들어 있는지……."

나는 눈을 크게 뜨고 살펴보았다. 하지만 물방울은 그저 물방울일 뿐, 그 속에 뭔가 특별한 게 들어 있는 것 같진 않았다.

"그냥……, 뭐. 내 모습이랑 저 바다가 비쳐 보일 뿐인걸."

"그래. 하지만 그 속에 보이는 것이 곧 그 속에 들어 있는 것이기도 해. 네가 누군가를 생각할 때 네 마음속에 그 사람이 들어

있는 것처럼 말이야."

 듣고 보니 그럴 듯한 말이었다. 그렇다면…… 이 작은 물방울 속에 저 바다가 들어갈 정도니, 주전자 속에는 온 세상이 들어가고도 남겠지.

 "이 주전자 속에는 실제와 똑같은 세상이 펼쳐져 있단다. 그래서 나는 이곳에서 일어나는 일을 보고, 실제 세상의 일을 모두 다 알 수 있는 거야."

 난쟁이가 말했다.

 내가 묵묵히 고개를 끄덕이자 난쟁이는 신기한 것을 보여 주겠다며 이상한 주문을 외웠다.

 "아쿠아카도 폰스폰스 아쿠아카도 마레마리스 롬!"

 '휴, 정말 복잡한 주문이로군.'

 이렇게 생각하는 사이, 놀랍게도 나는 난쟁이와 함께 작은 물방울 속으로 들어와 있었다.

 "자, 이제 우리는 물방울을 타고 온 세상을 여행하는 거야. 아마 그 어떤 놀이 기구를 탄 것보다도 더 신이 날걸."

 마침 하늘에서는 뜨거운 햇볕이 내리쬐고 있었고, 햇빛을 받은 물방울은 어쩐지 점점 가벼워지는 느낌이었다. 문득 아래를 내려다보니 과연 물방울은 조금씩 조금씩 하늘 위로 솟아오르고 있었다.

"아마 너도 알 거야. 바닷물이나 땅 위에 있는 물은 햇빛을 받으면 가벼운 수증기로 변해서 까마득히 높은 곳까지 올라가게 돼."

그러니까 우리는 지금 눈에 보이지 않는 수많은 수증기와 함께 자꾸자꾸 위로 솟구치고 있는 것이었다. 마침내 까마득히 높은 곳에 다다르자 무척 추운 느낌이 들었다. 하늘 높이 올라갈수록 온도가 자꾸 떨어진다는 얘기를 들은 적이 있는데, 실제로 와 보니 틀림없는 사실이었다.

공기가 차가운 곳에 다다르자 수증기는 이리저리 한데 엉겨 붙어 아주 작은 물방울이나 얼음 알갱이처럼 변하기 시작했다. 그리고 보니 내가 탄 물방울은 어느새 구름 속에 와 있었다. 바로 그 작은 물방울과 얼음 알갱이들이 모여 뭉게뭉게 구름을 이루고 있는 것이었다.

"아아, 앞이 보이지 않아. 이제 우린 어디로 가는 거야?"

내가 묻자 난쟁이가 대답했다.

"그야 바람을 따라 이리저리 하늘을 떠도는 거지. 하지만 지금 이렇게 구름이 큰 걸 보니, 곧 비가 되어 떨어질 것 같은데."

시간이 흐르자 정말로 작은 물방울들은 또다시 자기들끼리 뭉치기 시작했다. 그러다 더 이상 하늘에 떠 있을 수 없을 정도의 무게가 되자 아래로 뚝뚝 떨어져 내렸다.

"으아아, 사람 살려!"

나랑 난쟁이가 탄 물방울 역시 다른 물방울들과 함께 비가 되어 떨어져 내렸다. 나는 무서워서 눈을 꼭 감고 몸을 잔뜩 웅크렸지만 난쟁이는 마냥 즐거운 모양이었다.

"유후, 정말 기분 좋은걸! 오랜만에 느껴 보는 유쾌, 상쾌, 통쾌한 기분이야."

나는 혹시나 바위 같은 데 떨어져서 물방울이 산산조각 나면 어쩌나 조마조마 했다. 하지만 다행히도 우리는 숲 속 나무의 초록색 잎에 떨어졌고, 그곳에서 다시 나뭇잎 사이를 통통 튀다 폭신한 낙엽 위로 내려앉았다.

"휴, 정말 아찔한 여행이었어."

내가 한숨을 내쉬자 난쟁이는 고개를 저었다.

"아니, 아직 여행은 끝나지 않았는걸. 이제부터 더 긴 여행이 시작될 테니까."

과연 우리는 다른 빗방울과 함께 땅속으로 스며들고 있었다. 신기하게도 흙이나 돌로만 꼭꼭 채워져 있을 것 같던 땅속에도 거미줄처럼 작은 물길들이 이리저리 이어져 있었다. 우리는 지하수가 되어 땅속을 흐르는 셈이었다.

캄캄한 곳을 돌아다니던 우리는 어느 순간 바위틈에서 솟아나는 샘물이 되어 다시 바깥세상으로 나왔다. 그러고는 작은 물줄기를 따라 흐르다가 점점 커다란 냇물을 만나게 되고, 이내 강물이 되어 졸졸졸 흘러갔다.

강물을 따라가는 동안 나는 문득 궁금한 것이 하나 있었다.

"그런데 말야, 지금 우리가 타고 있는 이 물방울은 뭐니?"

난쟁이는 배시시 웃으며 대답했다.

"실은 네가 주전자 속으로 들어올 때 흘렸던 콧물이야."

"뭐, 뭐야? 에그, 더러워라!"

나는 잔뜩 인상을 찌푸린 채 투덜거렸다.

"히힛, 그렇게 더럽다고 생각하지 마. 비록 콧물이지만 나한테는 아주 소중한 거니까."

"소중하다고? 이까짓 콧물이 뭐가 소중하다는 거니?"

그러자 난쟁이는 주머니 속에 든 열 개의 작은 병을 내보이며 말했다.

"잘 생각해 봐. 이 콧물은 네가 정말로 해야 할 일이 무엇인지 깨달았을 때 재채기와 함께 나왔던 거잖아. 그러니까 더없이 소중할 수밖에……."

난쟁이는 열 개의 작은 병 속에, 세상에서 가장 소중한 물방울을 하나씩 모으는 중이었다. 열 개의 병이 모두 채워졌을 때 비로소 마법에서 풀려날 수 있게 된다나?

"지난 오백 년 동안 나는 일곱 개의 병을 채웠어. 남은 세 개 가운데 하나를 네가 채워 주었으니, 이제 두 개만 더 채우면 되는 거야. 그게 바로 네가 도와줄 일이지."

난쟁이의 말에 나는 어쩐지 기분이 으쓱해졌다. 내가 흘린 콧물 한 방울이 그렇게나 소중한 것이었다니……. 하지만 앞으로 두 개의 병은 무엇으로 채울 것인지 도무지 감이 잡히질 않았다.

"그런데 네가 그동안 채웠다는 일곱 개의 병 속엔 무엇이 들어 있는 거야?"

내가 묻자 난쟁이는 병을 하나하나 보여 주었다.

"여기엔 남극의 얼음이 녹은 물, 여기엔 북극의 눈이 녹은 물, 또 여기엔 가장 높은 곳에 떨어진 빗물, 여기엔 새벽이슬……."

그 밖에도 난쟁이는 세상에서 가장 맑은 샘물과, 모든 병을 고칠 수 있는 약물 한 방울, 그리고 '신의 물방울'이란 별명이 붙은 가장 귀한 술 한 방울도 들어 있다고 했다.

그렇게 이야기하는 사이 우린 어느새 바닷가에 다다라 있었다.

세상을 돌고 돌아요

물은 지금도 온 세상을 돌고 있어요. 마법사처럼 모습을 바꾸면서 쉴 새 없이 지구의 땅과 바다와 하늘을 돌고 있지요. 보통 때 물은 액체지만, 차갑게 얼면 단단한 고체(얼음)가 되고, 뜨거운 열을 받아 공기 속으로 흩어지면 기체(수증기)가 돼요.
자, 그럼 지금부터 물을 따라서 온 세상을 여행해 볼까요?
바다와 강, 호수처럼 땅 위에 있는 물은 따뜻한 햇볕을 받아 수증기로 변해요. 수증기로 변한 물은 가벼워져서 하늘 높이 둥둥 올라가지요. 까마득한 하늘 꼭대기는 땅보다 온도가 훨씬 낮아요. 히말라야처럼 높은 산 위에 있는 눈이 한여름에도 녹지 않는 까닭은 바로 이 때문이에요. 수증기가 아주 높은 곳에 다다르면 차갑게 식으면서 한데 엉겨 붙어 작은 얼음 알갱이나 물방울로 변해요.

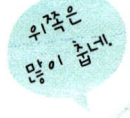
위쪽은 많이 춥네.

이런 것이 많이 모여 있는 게 바로 구름이에요.
구름은 바람을 따라 이리저리 떠다니지만, 알갱이들이 자꾸
뭉치다가 점점 더 무거워지면 곧 눈이나 비가 되어 땅으로 떨어져요.
그러면 빗물은 다시 흐르고 흘러 강으로 모였다가 바다로 흘러가지요.
땅속에 스며든 빗물도 결국은 샘이 되어 땅 위로 솟거나,
땅속의 길을 따라 바다로 간답니다.
이처럼 물이 세상을 한 바퀴 도는 것을 '물의 순환'이라고 해요.
보통 물이 한 번 순환하는 데에는 12~16일이 걸린답니다.

뭉치면 살고,
흩어지면 죽는다!
뭉치자, 모이자.

수증기

마실 수 있는 물, 마실 수 없는 물

사람 몸의 70퍼센트는 물이에요. 이와 비슷하게 지구 표면의 약 70퍼센트를 차지하고 있는 것이 바로 물이에요. 더구나 물은 보이지 않는 수증기가 되어 허공을 떠돌고 있기도 하니까, 우리 주변은 온통 물로 가득 차 있는 셈이지요.

전 세계에 있는 물이 1리터짜리 음료병에 담겨 있다면, 우리가 마실 수 있는 물은 겨우 한두 방울밖에 안 되는 셈이에요.

하지만 이 모든 물을 우리가 마음껏 마시거나 쓸 수 있는 건 아니에요.
지구에 있는 물의 97퍼센트 이상은 짜디짠 바닷물, 즉 염수니까요.
우리가 마실 수 있는 물은 소금기(염분)가 없는 민물, 즉 담수예요.
하지만 3퍼센트도 채 안 되는 담수 가운데 3분의 2는 남극이나
북극의 빙하와 만년설로 꽁꽁 얼어붙어 있어요. 또 그 나머지는
대부분 너무나 깊은 땅 밑의 퇴적암 속에 고여 있지요.
이 때문에 지구에서 우리가 실제로 사용할 수 있는 물은 겨우
0.2~0.3퍼센트밖에 안 된답니다.
그렇다면 우리가 마실 수 있는 물은 어디에 있을까요?
수돗물은 대부분 커다란 강물을 끌어다 쓰는 거예요.
그 밖에도 우리는 계곡과 호수 등의 물을 마실 수 있어요.
이처럼 땅 위에 드러나 있는 물을 '지표수' 라고 해요.
또 우리는 땅속의 물을 끌어올려서 마시기도 해요. 땅속에 있는 물을
'지하수' 라고 하는데, 이것은 빗물이 스며들어서 고인 거예요. 하지만
지하수 역시 거미줄처럼 얽힌 땅속 길을 따라서 바다 쪽으로 향하고,
그중 일부가 가끔 땅 위로 솟아올라 샘이 되는 것이랍니다.

지구에 있는 물을 모두 합치면 그 무게가
자그마치 1,400,000,000,000,000,000톤이나 돼요.
만약 세상에 있는 모든 땅을 평평하게 해서
지구 전체를 매끈한 공처럼 만든다면, 전 세계는
2.7킬로미터나 되는 물속에 꼬르륵
잠겨 버리고 말 거예요.

지구의 마법사 물!

냄새도 없고, 색깔도 없고, 특별한 맛도 없는 물! 하지만 물은 온 세상을 돌고 돌면서 참 많은 일을 해요. 물이 없으면 지구에 있는 모든 동물과 식물이 살아갈 수 없으니, 물은 그야말로 '생명의 원천'인 셈이에요.

지구에 생겨난 물의 양은 공룡이 살던 시대나 지금이나 변함이 없어요. 항상 똑같은 양의 물이 쉴 새 없이 모습을 바꿔 가며 온 세상을 돌고 있지요.

그러면서 물은 물질을 씻어 내기도 해요. 비 온 뒤에 공기가 맑아지는 것도, 비가 먼지와 오염 물질 따위를 깨끗이 씻어 냈기 때문이에요. 또한 물은 어떤 물질을 녹이는 성질을 가지고 있어요. 설탕이나 소금 따위를 물에 넣고 저으면 곧 물속에

녹아들고 말아요. 이런 성질 때문에 땅속을 흐르는 물은 흙이나 암석 속에 섞여 있는 석회석을 녹여 커다란 동굴을 만들기도 해요. 그런가 하면 물은 스스로 깨끗해지는 성질도 가지고 있어요. 물속에는 산소와 미생물 따위가 섞여 있어서, 물이 오염되어도 오랜 시간이 지나면 다시 깨끗해진답니다. 이것을 '자정 작용'이라고 해요.

강줄기를 따라 콸콸콸 흐르는 물은 흙과 바위를 깎아 내거나, 높은 곳의 돌과 모래 따위를 낮은 곳으로 실어 나르는 일을 해요. 이 때문에 깎아지른 절벽과 골짜기가 생겨나기도 하고, 육지의 고운 흙이 바닷가에 차곡차곡 쌓여 갯벌이 생겨나기도 하는 거예요.
그런가 하면 물은 지구의 온도를 알맞게 유지해 주는 역할도 해요.
하늘의 구름은 너무 뜨거운 햇볕을 가려 줄 뿐만 아니라,

지구 바깥으로 달아나는 열을 막아서 따뜻하게 해 주기도 해요.
또 수증기로 변하면서 주변의 열을 빼앗고, 다시 물방울로
뭉치면서 열을 내보내지요. 이런 과정을 되풀이하면서 물은
지구의 에너지를 구석구석으로 운반하는 일을 합니다.
자, 어때요? 물은 세상에서 가장 흔한 것이기도 하지만, 어쩌면 가장
놀랍고 신기한 마법사인지도 몰라요.

"으으, 목이 말라요. 물 한 바가지만 주세요."
이롬과 난쟁이 요정은 양탄자를 타고 물을 찾아 떠납니다.
하지만 오백 년 동안이나 검은 악마가 지배하고 있는 그곳에서는
어디에서도 맑은 물을 찾을 수 없었어요.
썩은 냄새나는 강물을 벌컥벌컥 마시는 아이들,
벌레와 세균이 득실대는 물이라도 감지덕지하는 사람들,
전염병 때문에 시름시름 죽어 가는 아이들.
"제발 눈 좀 떠 봐, 엉엉엉……."

3. 검은 악마의 마법

"아, 이제 그만 밖으로 나가 볼까?"

주문과 함께 물방울 밖으로 나와 보니, 그곳은 바로 난쟁이와 처음 만났던 그 자리였다. 물방울과 함께 세상을 한 바퀴 돌아본 셈이었다.

"휴, 정말 길고도 아슬아슬하고 또……, 지저분한 여행이었어. 그나저나 오래 여행을 했더니 목이 마른걸."

주변을 돌아보았지만 마실 물이라곤 찾아볼 수가 없었다. 그렇다고 짜디짠 바닷물을 마시거나, 누르튀튀한 저 아래 강물을 떠 마실 수도 없는 노릇이었다.

"세상에 이렇게 물이 많은데, 정작 마실 물이 없다니!"

내가 투덜거리자 난쟁이가 고개를 끄덕였다.

"그래, 이 세상에서 우리가 마실 수 있는 물은 거의 없지. 지구에 있는 물의 대부분은 바닷물이니까."

그러면서 말하기를, 지구에서 사람과 동물과 식물이 쓸 수 있는 물은 겨우 3퍼센트에 지나지 않는다고 했다. 모든 물을 다 합친 것이 백 컵이라면, 그중 세 컵을 가지고 우리 모두가 씻거나 마신다는 것이었다. 그나마도 세 컵 가운데 두 컵은 남극과 북극에 얼음으로 꽁꽁 얼어붙어 있고, 나머지 한 컵이 땅 위의 강과 호수, 땅속의 지하수로 있는 거라나?

"쳇, 그걸 어떻게 믿어? 그게 정말이라면 모두가 목이 말라서 헉헉거릴걸."

내가 입을 삐죽 내밀고 말하자 난쟁이가 대답했다.

"그래, 믿어지지 않겠지만 사실이야. 하지만 다행히 물은 계속해서 돌고 돈단다. 북극곰이 마셨던 물이 세상을 돌고 돌아 네가 세수하는 물이 되기도 해. 또 네가 화장실에서 내려보낸 물이 세상을 돌고 돌아 다시 네가 마시는 물이 되기도 하고."

그러고 보니 이와 비슷한 이야기를 어디선가 들은 적이 있는 것 같았다.

"어쨌든 난 지금 너무 목이 말라. 어디 물이 있는 곳으로 가 보자."

"그래, 그럼 이번에는 양탄자를 타고서 세상 여행을 해 볼까나?"

난쟁이는 한쪽 귓속에서 작은 두루마리를 꺼내 펼치더니 주문을 외웠다. 그러자 순식간에 커다란 양탄자가 되어 공중에 둥둥 떠오르는 것이었다.

"야호, 내가 정말 동화 속으로 들어온 기분이야!"

양탄자를 타고 하늘을 날아가니 내가 진짜 《아라비안나이트》의 주인공이 된 것 같았다.

그런데 이상하게도 한참을 날았는데 보이는 것이라곤 온통 메마른 사막뿐이었다.

"도대체 물은 어디에 있는 거야? 설마 이런 사막에서 물을 찾겠다는 건 아니겠지?"

"흠……."

난쟁이는 왠지 심각하게 얼굴이 굳어 있었다.

"사실 이곳은 옛날에 내가 살던 마을이야. 원래는 아주 아름답고 살기 좋은 곳이었어. 그런데 너무 오랫동안 비가 내리지 않아 사막처럼 되어 버린 거라고."

"그랬구나. 그런데 도대체 얼마 동안이나 비가 오지 않았기에 이렇게……."

"올해로 딱 오백 년이야. 바로 내가 마법에 걸린 때부터니까."

그때였다. 저 멀리 사막 한가운데에 집이 몇 채 서 있고, 사람들이 드문드문 왔다 갔다 하는 것이 보였다.

"앗, 저곳에 가면 물이 있지 않을까?"

당장 마을로 내려가 보았지만 물은 어디에서도 찾을 수가 없었다. 그 흔한 수도꼭지는커녕 우물조차도 보이지 않았다.

"아아, 목말라."

나는 입이 바짝바짝 마르다 못해 쩍쩍 갈라질 것만 같았다.

"저……, 물 한 모금만 주실래요?"

할 수 없이 한 아주머니에게 다가가 말했더니, 집 안에서 커다란 물통을 가지고 나오는 것이었다.

"마침 잘됐구나. 나도 지금 물을 뜨러 가려던 참이었는데, 같이 가 볼까?"

이렇게 해서 난쟁이와 나는 아주머니를 따라 길을 나서게 되었다.

하지만 도대체 어디에 물이 있다는 것일까? 찌는 듯한 땡볕 속에서 아무리 걷고 또 걸어도 물이 있는 곳은 나타나지 않았다. 더워서 얼굴은 화끈거리고 머리까지 어질어질해서 나는 금방이라도 털썩 쓰러져 버릴 것만 같았다.

그렇게 한 시간도 넘게 걸어간 뒤에야 아주머니는 다 왔다며 걸음을 뚝 멈추었다.

"뭐야! 세상에 이런 물을 어떻게 마셔?"

눈앞에는 흙탕물 같은 강줄기가 바짝 마른 땅 위로 간신히 흐르고 있었다. 원래는 아주 큰 강이었다지만, 지금은 이나마 흐르는 것도 감지덕지해야 할 정도라나?

"으으, 난 싫어. 이 물 절대로 안 마실 거야."

하지만 아주머니는 아무렇지 않다는 듯 그 지저분한 강물을 물통에 가득 담았다. 그리고는 물통을 머리에 이면서, 이 물이면 집안 식구들이 하루 동안 마시고 밥을 지어 먹고 씻기까지 한다고 했다.

"휴, 나 같으면 이런 나라에서는 단 하루도 못 살 거야. 어떻게 저런 강물을 마시면서 살아?"

그때 근처에서 놀던 아이들이 쪼르르 달려와서는 강에다 입을 대고 벌컥벌컥 들이마시기 시작했다.

"저 애들도 저렇게 먹는데 괜찮겠지……."

나는 강물을 한 모금 마셔 보려고 두 손으로 살짝 떠서 입 가까이 가져갔다. 하지만 왠지 찜찜한 데다 썩은 냄새까지 풀풀 풍겨 왔다. 그리고 보니 강물 저 위쪽에는 무엇인지 모를 야생 동물 한 마리가 죽은 채 썩어 가고 있었다.

나는 얼른 손에 있던 물을 버리고 벌떡 일어섰다.

"도저히 안 되겠어. 차라리 양탄자를 타고 다른 마을로 가 보는 게 어때?"

"좋아, 그럼 그렇게 하자."

이렇게 해서 우리는 한참 동안 날아서 다른 마을에 도착했다. 다행히 그곳에는 마을 사람들이 모두 함께 이용하는 공동 우물이 있었다.

"으으, 목이 말라요. 물 한 바가지만 퍼 주세요……."

마침 우물가에 있던 아저씨가 물을 퍼 담기 위해 두레박을 내렸다.

도대체 우물이 얼마나 깊은 걸까? 긴 줄에 매달린 두레박은 끝도 없이 자꾸자꾸 내려갔다. 그러고는 한참 뒤에야 다시 올라왔는데, 물은 고작해야 반밖에 담겨 있지 않았다.

"고, 고, 고맙습니다."

나는 물을 마시려고 두레박을 건네받았다. 그런데 막 한 모금 마시려는 순간 깜짝 놀라고 말았다. 물속에서 벌레들이 꼬물꼬물 움직이는 것이었다.

"으악!"

엉겁결에 물을 다 쏟아 버리자 아저씨가 노발대발 화를 냈다.

"겨우겨우 퍼 올린 귀중한 물을 그냥 쏟아 버리다니!"

"하지만 저런 물을 어떻게 먹는단 말이에요?"

"어떻게 먹긴! 우리 마을에선 모두 이 물을 먹고 사는데!"

"으으……. 분명히 세균이 득실거릴 텐데, 모두 병에 걸리고 말 거예요."

"흥, 차라리 병에 걸려 죽는 게 낫지. 물 없이는 단 하루도 못 산다, 못 살아."

아저씨의 말에 나는 더 이상 대꾸할 말이 없었다. 당장 먹을 물이 없으니 이것이라도 먹지 않으면 견딜 수가 없는 것이었다. 그나마 이 작은 우물도 점점 말라 가기 때문에, 마을 사람들은 직접 아래로 내려가서 해마다 더 깊이 파내야 한다고 했다.

"정말 보통 일이 아니네. 맑은 물을 얻기가 이렇게나 힘들다니 말이야."

내가 중얼거리자 난쟁이도 맞장구를 쳤다.

"그래, 정말 큰일이지. 가끔이라도 비가 내려 준다면 훨씬 나을 텐데 말이야."

그러고 보니 이 모든 일들은 바로 난쟁이가 검은 악마의 마법에 걸렸기 때문에 벌어진 일이었다.

난쟁이는 계속해서 말을 이었다.

"검은 악마는 나를 주전자 속에 가둬 둔 뒤, 세상에서 또 다른 못된 짓을 저질렀단다. 사람들에게 땅속의 검은 돌과 검은 기름을 꺼내어 쓰게 하고, 또 그것을 태워 검은 연기를 피워 올리게 했어."

들고 보니 그건 바로 석탄과 석유 따위를 말하는 것이었다. 사람들은 편리하게 생활할 수 있다는 달콤한 유혹 때문에 계속해서 석탄과 석유를 캐내어 쓰고, 그 때문에 땅과 물과 공기가 오염되는 것이었다.

"그런 일이 수백 년이나 계속되는 동안 지구의 날씨마저 이상하게 뒤바뀐 거야. 비가 내려야 할 곳에 오랫동안 비가 내리지 않아서 이처럼 사막이 되어 버렸지. 또 비가 내리지 말아야 할 곳엔 너무 많은 비가 한꺼번에 내려서 사람들이 난리를 겪고 말이야."

하지만 문제는 그뿐이 아니었다. 원래 이곳에서 가까운 강에는 비가 오지 않을 때에도 아주 많은 물이 흘렀다고 한다. 그런데 강 위쪽에 있는 나라들에서 댐을 만들어 물을 가둬 버렸다.

"자기들도 물이 부족하니까 자기네가 쓸 물을 마련하려고 댐을 만들어 물을 채워 두는 거야."

난쟁이의 말에 내가 되물었다.

"그럼 댐을 못 만들게 하면 되잖아. 아니면 당장 댐을 폭파해 버리든가."

하지만 난쟁이는 고개를 저었다.

"그렇게 하면 전쟁이 일어날 텐데……. 그러면 힘이 약한 이 나라는 더욱더 살기 어려워질 테고."

"휴, 갈수록 태산이군."

한참이나 궁리해 보았지만 정말 어쩔 수가 없는 일인 것 같았다. 지금도 세계에서는 석유나 식량 때문에 전쟁이 일어나기도 한다던데, 앞으로는 물 때문에도 전쟁이 일어날지 모를 일이었다.

그때 어디선가 사람들의 울음소리가 들려왔다.

"아이고, 이걸 어째! 엉엉엉……."

"너마저 우리 곁을 떠나는구나! 둘째야, 흑흑흑……."

달려가 보니 어느 집에서 방금 한 아이가 숨을 거둔 모양이었다. 나이는 겨우 다섯 살쯤 되어 보이는데, 얼굴과 몸은 온통 흉측한 부스럼투성이였다. 난쟁이 말을 들어 보니 마을에 돌고 있는 전염병 때문이었다.

"이 전염병은 물 때문에 생긴 거야. 세균이 가득한 물을 먹으면 병에 걸리는데, 특히 어린아이들이 쉽게 걸리지."

"어쩜 좋아……."

나는 너무나 가슴이 아파 차마 말을 이을 수가 없었다.

'아아, 우리 집에 있는 수도꼭지들 가운데 단 하나만이라도 이 마

을에 가져다줄 수 있다면 얼마나 좋을까?'

 물론 수도꼭지만으로는 아무 소용없겠지. 하지만 깨끗한 물이 콸콸 나오는 수도꼭지든 우물이든 딱 하나만 있어도, 이곳 사람들은 훨씬 더 건강하고 행복하게 살 수 있을 거다.

 목숨을 잃은 아이 옆에는 전염병이 옮은 또 한 명의 내 또래 아이가 힘없이 누워 있었다. 몸에서 열이 펄펄 나는 데다 기운이 쏙 빠져서 자꾸만 눈이 감기고 있었다. 한참 신나게 뛰어놀아야 할 아이가 저렇게 시름시름 죽어 가는 걸 보니, 나도 모르게 왈칵 눈물이 쏟아져 나왔다.

 "어떡해……. 너무너무 불쌍해……. 제발 눈 좀 떠 봐, 엉엉엉……."

물, 물, 물, 물이 부족해!

지구에 있는 물의 전체 양은 까마득한 옛날이나 지금이나 변함이
없어요. 하지만 사람들이 물을 사용하는 양은 자꾸자꾸 늘어나고
있어요. 생활이 편리하고 깨끗해지면서 더욱더 많은 물을 필요로 하기
때문이에요. 더구나 전 세계적으로 인구가 부쩍부쩍 늘고 있어서,
물을 쓰는 양도 덩달아 크게 늘어나고 있지요. 지난 50년 동안
지구의 인구는 두 배가 늘었지만, 인류가 사용하는 물의 양은
세 배 이상 늘었다고 해요.
하지만 앞으로도 세계 인구는 계속해서 늘어날 거예요. 그러면 몇십 년
뒤에는 지금보다 두 배나 더 많은 물이 필요하게 된답니다.

저 많은 사람에게 이 한 병의 물을 나눠 주라고!

이처럼 물은 한정되어 있고 필요한 양은 자꾸자꾸 늘어나기 때문에 세계 곳곳에서 물 부족 현상이 일어나고 있어요. 아프리카에서는 하루 동안 쓸 물을 얻기 위해 몇 킬로미터씩 걸어가서 샘물을 긷기도 하고, 땅속에 있는 물을 퍼 올리기 위해 해마다 더 깊이 우물을 파기도 해요. 지구 전체로 볼 때, 현재 세계 인구의 3분의 1은 물이 부족한 상태로 살고 있어요. 이처럼 물이 부족하다 보니, 세계의 학자들은 앞으로 머지않아 물값이 원유(석유) 값만큼이나 오를 수도 있다고 해요.

물 부족 국가 한국?!

우리가 쓸 수 있는 물은 하늘에서 내린 비 덕분에 생겨나는 거예요.
강물이 마르지 않는 까닭은 땅에 내린 비가 자꾸자꾸 강으로 모여들기 때문이지요.
국제연합기구(UN)는 한 사람이 1년 동안 쓸 수 있는 물의 양이 얼마나 되는지를 조사했어요. 그리하여 1700㎥ 이상 쓸 수 있는 나라를 물 풍요 국가, 1000~1700㎥ 쓸 수 있는 나라를 물 부족 국가, 1000㎥ 미만을 쓸 수 있는 나라를 물 기근 국가로 구분했어요.

여기서 잠깐! 놀라지 마세요. 우리나라는 사막이 많은
리비아나 이집트처럼 물 부족 국가에 속한답니다.
왜 우리나라가 물 부족 국가에 속할까요?
알다시피 우리나라에는 비가 많이 내려요. 때로는 큰 홍수가 나서
강물이 철철 흘러넘칠 정도예요. 하지만 1년을 놓고 보면 고르게
비가 내리는 것이 아니에요. 여름철 한때에만 집중적으로 내리고,
다른 계절에는 도리어 가뭄 때문에 고생하는 경우도 많아요.
더구나 우리나라에는 산이 많아서, 왕창 쏟아져 내린 비가 곧바로
강으로 흘러 바다로 가 버려요. 물론 여러 개의 댐에 물을 가둬 놓고
오랫동안 나누어 쓰기는 하지만, 한두 해 계속해서 비가 적게 내린다면
정말로 수돗물이 뚝 끊어질지 모를 일이에요. 게다가 우리나라는
좁은 땅에 비해 인구가 많은 편이어서 한 사람이 사용할 수 있는
물의 양이 그다지 많지 않답니다.
그런데도 우리는 독일이나 영국, 프랑스, 일본 등
우리보다 물이 풍부한 나라들보다도 더 많은
물을 쓰고 있어요.

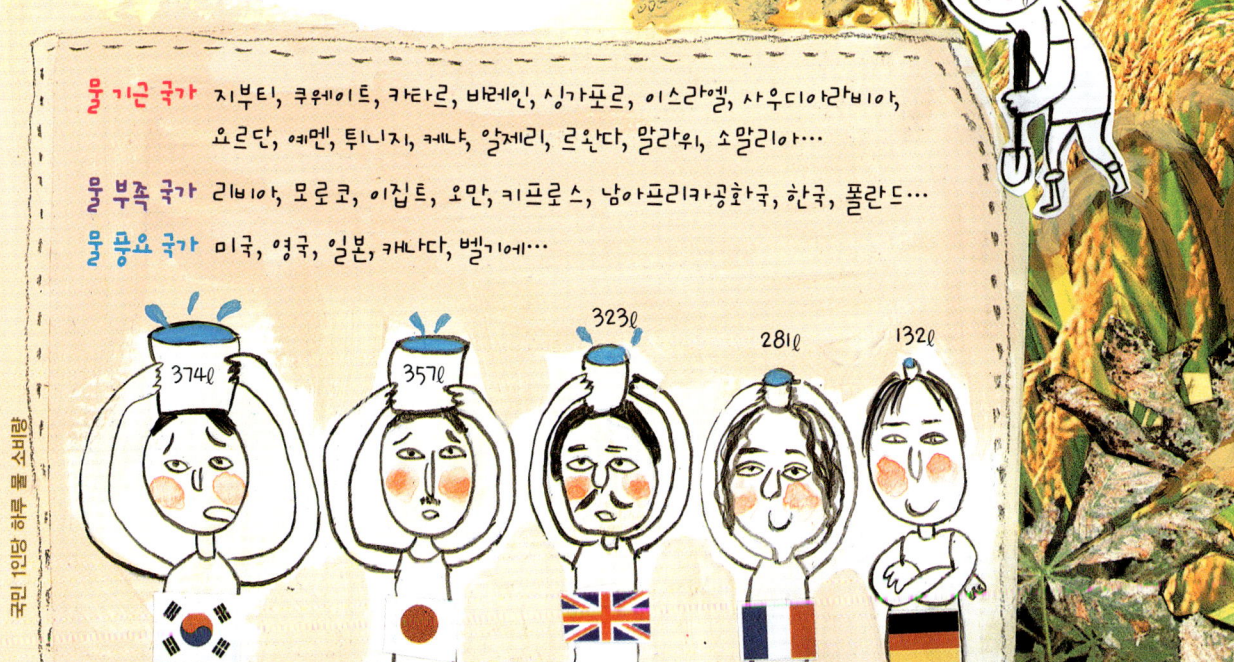

물 기근 국가: 지부티, 쿠웨이트, 카타르, 바레인, 싱가포르, 이스라엘, 사우디아라비아, 요르단, 예멘, 튀니지, 케냐, 알제리, 르완다, 말라위, 소말리아…

물 부족 국가: 리비아, 모로코, 이집트, 오만, 키프로스, 남아프리카공화국, 한국, 폴란드…

물 풍요 국가: 미국, 영국, 일본, 캐나다, 벨기에…

374ℓ 357ℓ 323ℓ 281ℓ 132ℓ

내 물이야, 내 물!

이처럼 물이 부족하기 때문에, 세계의 여러 나라들은 조금이라도 더 많은 물을 끌어다 쓰기 위해 안간힘을 쓰고 있어요.
이런 노력 가운데 가장 대표적인 것이 바로 댐을 세우는 일이에요. 흐르는 강물을 막아서 꼭꼭 가둬 두면, 비가 오지 않는 동안에도 물을 쓸 수가 있지요. 또한 댐은 비가 한꺼번에 많이 내릴 때 강물이 넘치지 않도록 조절할 수도 있고, 물이 아래로 떨어지는 힘을 이용하여 전기를 만들 수도 있어요.
하지만 바로 이런 댐 때문에 나라와 나라 사이에 싸움이 일어나기도 해요. 유명한 유프라테스 강을 한번 볼까요?

나일 강을 둘러싸고 이집트와 에티오피아, 케냐 등이 옥신각신하고, 메콩 강을 둘러싸고 중국과 미얀마·타이·베트남 등이 싸우고 있어요.

미국과 멕시코는 리오그란데 강을 둘러싸고, 인도와 방글라데시는 갠지스 강을 둘러싸고 끊임없이 신경전을 벌이고 있답니다.

중동에서 가장 큰 유프라테스 강은 터키 북부에서 시작하여 시리아, 이라크 등을 거쳐 유유히 흐르고 있어요. 그런데 터키에서 여러 개의 댐을 세우고 물을 펑펑 쓰자, 하류 쪽에 있는 시리아와 이라크 등은 물을 쓸 수가 없게 되었어요. 강물이 바짝 말라서 바닥까지 드러날 정도가 되었으니까요. 이 때문에 시리아와 주변 나라들은 언제 전쟁이 일어날지 모르는 상황에 처해 있답니다.
그런데 이와 비슷한 일은 세계 곳곳에서 일어나고 있어요. 그러잖아도 석유와 식량 때문에 싸움이 일어나곤 하는데, 이제는 물 때문에도 전쟁이 일어날 판이에요.

물을 찾아라!

부족한 물을 해결하기 위해 땅속에 갇혀 있는 물, 즉 지하수를 퍼 올려 쓰는 경우도 아주 많아요. 우리나라도 곳곳에서 지하수를 퍼 올려 쓰고 있고, 전 세계 대부분의 나라들이 이와 마찬가지예요. 공해 없는 지역의 지하수 중에는 우리 몸에 좋은 성분이 들어 있는 것도 있어요. 이런 지하수는 '먹는 샘물'(생수)이라 해서 따로 병에 담아 팔기도 해요.
사실 전 세계의 땅속에는 강이나 호수를 모두 합친 것보다도 더 많은 물이 고여 있어요.

심지어 물이 전혀 없을 것 같은, 세상에서 제일 넓은 사막인 사하라에도 아주 깊은 곳에는 물이 있답니다. 실제로 리비아는 사하라 사막에서 물을 퍼 올려 약 2000킬로미터나 떨어진 도시까지 물을 끌어오고 있어요.
그러나 지하수 역시 언제까지나 퐁퐁퐁 솟아나는 것이 아니에요. 아무리 물이 많이 고여 있는 곳이라도 자꾸자꾸 뽑아 쓰다 보면 점점 더 깊이 땅을 파야 해요. 그러다 결국은 물이 바짝 말라 버릴 수도 있고, 물로 채워져 있던 공간이 텅텅 비면서 땅이 꺼져 지진이 일어날 수도 있어요.
지하수는 땅속으로 스며든 빗물이 오랫동안 서서히 모여서 고여 있는 거예요. 이런 지하수는 대개 농사를 짓는 데 쓰이고 있어요. 하지만 세계의 거의 모든 지하수들은 채워지는 속도보다 훨씬 빠른 속도로 말라 가고 있답니다.

이롬은 난쟁이 요정과 또다시 물을 찾아 여행을 떠나요.
이번에는 작은 종이배를 타고 말이에요.
지진 해일로 물에 잠겨 버린 섬나라, 썩어 가는 거대한 강줄기,
'물속의 만리장성'이라는 거대한 댐, 그리고 서해 바닷가를 뒤덮은
시커먼 기름띠들…….
"그래, 이러고 있을 때가 아니지!"
죽어 가는 물을 살리는 일, 이롬은 무슨 일을 할 수 있을까요?

4. 땀방울이 뚝뚝뚝!

한참 뒤 내가 눈물을 훔치며 일어났을 때, 난쟁이는 작은 병에 물방울 하나를 담고 있었다.

"그게 뭐야?"

내가 묻자 난쟁이는 입가에 살짝 미소를 띠며 대답했다.

"이건 바로 네 눈물이야."

"아니, 넌 이런 상황에 눈물 같은 걸 담고 싶니?"

"조금 전에야 알게 됐지 뭐야. 눈물도 세상 어느 것 못지않게 값진 물방울이라는 걸 말이야."

난쟁이가 말하기를, 방금 내가 흘린 눈물 속에는 남을 불쌍히 여기는 마음, 아끼고 위하는 마음, 그러니까 이 세상 모두를 사랑하는 마음이 담겨 있다고 했다.

"고마워, 이롬. 덕분에 병 하나를 더 채웠어. 이제 남은 건 딱 하나뿐이야."

그렇다면 남은 병 하나에는 어떤 물방울을 채워야 하는 것일까? 하지만 지금 무엇보다도 필요한 건 시원하게 마실 수 있는 깨끗한 물이었다.

"그건 그렇고, 제발 물 좀 마실 수 있게 해 줘."

"좋아, 그럼 이번에는 깨끗한 물이 아주 많은 나라로 떠나 보자구."

난쟁이는 종이 한 장을 꺼내어 작은 배를 접고는 허공에 띄웠다. 그다음 주문을 외우자, 어느새 난쟁이와 나는 종이배 위에 사뿐히 올라타 있었다.

"출발!"

난쟁이의 신호와 함께 종이배는 하늘을 휙휙 날아가기 시작했다.

"우리, 지금 어디로 가고 있는 거야?"

"글쎄……. 미국으로 갈까, 유럽으로 갈까, 아니면 아프리카로 갈까?"

나는 잠시 생각하다 "우리나라!" 하고 소리쳤다.

"왜냐하면 우리나라엔 깨끗한 물이 아주아주 풍부하잖아."

하지만 난쟁이는 고개를 저었다.

"천만의 말씀! 한국도 그다지 물이 풍부한 편이 아니야."

뜻밖의 말에 나는 고개를 갸우뚱했다.

"우리나라 사람들은 거의 다 깨끗한 물을 사용하고 있는걸. 아무 때나 수도꼭지만 틀면 맑은 물이 끝도 없이 쏟아진다구."

그러자 난쟁이는 혀를 끌끌 차며 말했다.

"한국은 여름에 집중적으로 비가 내리는 편이라 다른 계절에는 물이 부족하기 쉬워. 다만 커다란 댐에 물을 잔뜩 가둬 두고 나누어 쓰기 때문에, 보통 사람들은 물이 부족하다는 걸 잘 모를 뿐이지."

그러니까 만약 한두 해쯤 비가 적게 내린다면 정말로 심각한 물 부족을 겪을 수도 있다는 얘기였다.

"아무튼 우리나라로 가고 싶어. 우리 집 냉장고 안에 있는 시원한 생수를 마시고 싶다구."

"좋아, 그럼 꼭 잡아! 아주 쏜살같이 날아갈 테니까."

종이배는 하늘 높이 떠올라 우리나라를 향해 날아갔다.

　이렇게 높은 곳에서 보니 땅 위의 풍경이 너무나 평화롭고 아름답게 느껴졌다. 더구나 눈부시도록 푸른 바다 위를 날아갈 때는 마치 영화 속 한 장면으로 들어와 있는 것만 같았다. 바다 위로 떠올라 물을 뿜어내고 펄떡펄떡 뛰어오르는 돌고래를 볼 때는 너무나 부러운 생각이 들기도 했다.

　"아마 돌고래들은 평생 목마를 일이 없을 거야, 호호호."

　한참을 날다 보니 섬들이 여러 개 나타났다. 종이배는 인도네시아, 말레이시아, 타이, 필리핀 등 동남아시아의 여러 섬나라를 휙휙 지나가고 있었다. 그런데 어찌 된 일인지 섬과 바다가 분간이 안 갈 정도로 섬 안에 있는 마을과 도시들이 온통 물에 잠겨 있었다. 그 때문에 자동차며 가구 등 온갖 물건들이 물 위에 동동 떠다니고, 사람들은 뗏목이나 작은 배를 타고 다니며 슬프게 울부짖고 있었다.

　"도대체 무슨 일이야?"

가까이 가 보니, 며칠 전 그곳에 지진 해일이 덮쳤던 것이다. 저 먼바다 속에서 큰 지진이 일어나고, 그 때문에 엄청난 파도가 육지로 몰아쳐 도시를 뒤덮었다. 우리나라도 해마다 태풍이나 홍수 때문에 난리를 겪곤 하는데, 지진 해일에 비하면 그건 아무것도 아니었다. 도시 전체가 물에 휩쓸려 아수라장이 되어 있었다. 농작물이 물에 잠겨 먹을 것이 사라진 것은 두말할 나위도 없고, 사람들이 사는 집들도 대부분 물에 잠기거나 산산조각 나 있었다. 엄청난 물살에 휩쓸려 목숨을 잃은 사람들도 수천 명에 달했다.

나는 너무나 끔찍해서 차마 눈 뜨고 볼 수가 없었다.

"롬아, 지금 이곳에 남아 있는 사람들에게 가장 필요한 것이 무엇인지 알아?"

난쟁이가 물었다.

"글쎄, 당장 먹을 음식? 아니면 따뜻하게 쉴 곳?"

난쟁이는 고개를 저었다.

"물론 그런 것들도 꼭 필요하지. 하지만 무엇보다도 필요한 건 바로 깨끗한 물이야."

왜냐하면 이곳에 있는 물 전체가 오염되어 마실 물이 사라져 버렸기 때문이었다. 이럴 때 목이 마르다고 아무 물이나 마셨다가는 전염병에 걸려 목숨을 잃을 수도 있다는 것이었다.

"물 때문에 이렇게 큰 난리를 치르고 있는데, 가장 필요한 것이 또 물이라니……."

정말이지 물이란 한없이 고마운 것이면서도, 한편으로는 참 무섭기도 한 것이란 생각이 들었다.

다시 그곳을 떠난 우리는 바다 건너 중국의 하늘 위를 날아갔다.

바다도 참 넓지만 중국 땅도 이만저만 넓은 게 아니었다. 까마득히 사막이 펼쳐져 있는가 하면, 곳곳에 수많은 사람들이 몰려 있는 커다란 도시들도 눈에 띄었다.

"중국 땅에는 위쪽으로 황허 강, 아래쪽으로 양쯔 강이 구불구불 흐르고 있어."

과연 높은 곳에서 보니 두 개의 강줄기가 우리나라 쪽의 서해를 향해 유유히 흐르고 있었다.

"강이 저렇게 크고 기니까 중국에는 물이 아주 풍부하겠지?"

하지만 역시 천만의 말씀이었다. 중국에는 인구가 13억 명이 넘고, 그 많은 사람들이 먹을 식량을 거두어야 하기 때문에 엄청난 물을 쓴다고 했다. 그 때문에 강물을 줄기차게 끌어다 써서, 미처 바다에 닿기도 전에 그 큰 강이 바짝 마르는 때가 많다는 것이었다.

"더구나 중국에는 갖가지 물건을 만드는 공장들이 이루 헤아릴 수 없이 많아. 그래서 붙은 별명이 '세계의 공장' 이지."

난쟁이가 말했다.

"하긴, 우리 집에 있는 물건 중에도 중국에서 만든 것이 수두룩해."

저렇게 많은 공장에서도 물을 마구 써 대고 있으니, 강물은 물론 지하수까지 말라 간다는 말이 이해가 되었다.

"하지만 더욱 큰 문제는 그 강물조차 날이 갈수록 오염된다는 거야. 공장에서 나온 폐수, 가축을 기르는 곳에서 나오는 지독한 오물, 논과 밭에서 흘러나온 농약 따위가 쉴 새 없이 강을 더럽히고 있어."

우리는 양쯔 강 위로 사뿐히 내려앉아 둥둥 떠내려가기 시작했다. 얼마 안 가서 나는 난쟁이 말이 사실이란 걸 단박에 알 수 있었다. 물에서 지독한 냄새가 올라와 코를 찔렀고, 강 가장자리에는 부글부글 끓는 듯한 거품과 기름 찌꺼기, 온갖 쓰레기 따위가 뒤범벅되어 있었다.

"쯧쯧, 강이 완전히 병들어 버렸네."

그런데 더 놀라운 건 중국뿐만 아니라 우리나라와 세계 곳곳의 중요한 강들이 대부분 이렇게 병을 앓고 있다는 것이었다.

다행히 물은 스스로 깨끗해지는 성질이 있어서, 하류로 내려갈수록 다른 물줄기와 합쳐지면서 점점 맑아져 갔다. 하지만 이번에는 커다란 댐이 물길을 가로막고 있었다.

"저게 바로 유명한 싼샤 댐이야. '물속의 만리장성'이라고도 불리는, 세계에서 가장 큰 댐이지."

하늘 위로 올라가 아래를 내려다보니 싼샤 댐은 정말 눈으로 보면서도 믿어지지 않을 만큼 어마어마했다. 길이가 2300미터에, 우리나라에 있는 모든 댐을 합친 것보다 훨씬 더 많은 양의 물을 가둬 둘 수 있다니 그저 놀라울 뿐이었다.

"아하! 그럼 저 댐 덕분에 중국 사람들은 마음 놓고 물을 쓸 수 있겠구나."

내가 아는 척을 하자 난쟁이가 덧붙여 설명해 주었다.

"그래, 댐을 만들면 물을 저장해 두었다가 쓸 수 있을 뿐만 아니라, 홍수가 날 때는 물을 가둬 두고 가뭄 때에는 적당히 물을 내보낼 수도 있어. 또 수력 발전소를 만들어서 집집마다 전기를 보내 줄 수도 있지."

하지만 난쟁이의 말을 들어 보니 댐을 세우는 것도 그다지 좋은 방법은 아니었다. 댐을 만들면 그 주변에 있는 문화재나 마을이 물에 잠기게 되고, 자칫하면 댐에 갇혀 있는 물 때문에 땅이 가라앉거나 지진이 일어날 수도 있기 때문이었다. 실제로 그런 일 때문에 세계 곳곳에서 수많은 이들이 목숨을 잃었다고 했다.

"휴, 정말이지 물 부족이랑 물 오염 문제를 해결하기란 여간 어려

운 일이 아니구나."

나는 한숨을 푹푹 내쉬었다.

그렇게 이야기를 주고받는 사이 종이배는 어느새 서해 위를 날고 있었다. 저 멀리엔 우리나라의 서해 바닷가가 그림처럼 예쁘게 펼쳐져 있었다.

하지만 해안선 가까이 다가가 보고는 깜짝 놀라지 않을 수 없었다. 보석처럼 새파란 바닷물 위에 시커먼 그림자처럼 기름띠가 온통 뒤덮여 있는 것이었다.

"아, 이럴 수가! 또다시 원유가 유출되었나 봐."

나는 전에도 종종 텔레비전에서 본 적이 있었다. 이렇게 사고가 나서 배에 실린 기름이 바다에 쏟아졌다는 소식이 있을 때마다, 엄마 아빠는 어느 때보다도 안타까워했다. 값비싼 기름이 한꺼번에 사라질 뿐만 아니라, 그 주변의 물과 땅이 크게 오염되기 때문이었다.

난쟁이 역시 나처럼 얼굴을 잔뜩 찡그린 채 말했다.

"저렇게 해서 망가진 환경이 원래대로 되려면 수십 년이나 걸려. 쯧쯧……. 내가 마법에 걸리지 않았다면, 저렇게 오염된 물을 금세 깨끗하게 해 줄 수 있을 텐데."

하지만 가만 생각해 보니, 이렇게 안타까워하고 걱정만 하는 것은 아무 소용없는 일이었다. 너무나 엄청난 일이라 엄두가 나지 않는다 해도, 당장 나서서 무엇인가를 해야 할 것 같았다. 까마득한 세월이 걸린다 해도, 지금 팔을 걷어붙이지 않으면 영영 돌이킬 수 없을 것 같았다. 마침 바닷가에는 많은 자원봉사자들이 물 위에 떠 있는 기름을 걷어 내고, 시커먼 바위를 닦아 내고 있었다.

"난쟁아, 우리도 저기 내려가서 함께 도와주자. 응?"

내가 어깨를 툭툭 치며 말했지만, 난쟁이는 고개를 살래살래 저었다.

"싫어, 안 돼. 난 저 검은 기름이 정말정말 싫단 말야. 또……."

"또, 뭐?"

"저 사람들이 나를 보고 이상하게 생각하면 어떡해?"

"푸훗, 그건 문제없어. 우리도 저 언니 오빠들처럼 하얀 옷 입고 모자 쓰고 마스크까지 하면 되잖아."

내가 한참을 설득한 끝에야 난쟁이는 마지못해 고개를 끄덕였다.

"캬, 물맛 좋다! 역시 이 맛이야, 우리나라의 맑은 샘물! 이제야 좀 살 것 같아."

너무나 갈증이 났었기 때문인지 그야말로 꿀맛이었다. 나는 생수 한 병을 통째로 벌컥벌컥 마시고는 본격적으로 일을 하기 시작했다.

텔레비전으로 기름 닦는 모습을 볼 때는 몰랐는데, 막상 와서 해 보니 여간 힘든 것이 아니었다. 바위에 묻은 끈적끈적한 기름에 걸

레를 대고 힘을 주어 보았지만, 기름은 제대로 닦이지 않고 쭉쭉 미끄러지기 일쑤였다. 그래서 끙끙거리며 있는 힘껏 걸레질을 해야만 했다. 바위 하나를 채 다 닦기도 전에 걸레는 더 이상 쓸 수 없을 만큼 기름 범벅이 되어 버렸다. 게다가 지독한 기름 냄새 때문에 머리는 어질어질하고, 바닥도 온통 미끄러워서 자칫하면 돌 위에 넘어지기 십상이었다.

"휴, 너무 힘들어."

나는 그만 털썩 주저앉고 말았다.

그때 바위틈에서 무엇인가 펄떡펄떡 움직이는 것이 보였다. 자세히 보니 기름을 잔뜩 뒤집어쓴 채 죽어 가는 작은 물고기였다. 그리고 저 앞에는 똑같이 기름을 뒤집어쓴 물새 한 마리가 도망도 못 가고 제자리에 선 채 자꾸만 몸을 비척거리고 있었다. 그걸 보자 나는 내가 잘못을 저지른 것도 아닌데, 왠지 너무나 미안하다는 생각이 들었다.

'그래, 이러고 있을 때가 아니지!'

나는 다시 걸레를 움켜쥐고 열심히 기름을 닦기 시작했다. 마스크를 쓴 얼굴에서는 땀이 비 오듯 뚝뚝 떨어져 내렸다.

더러운 물은 싫어!

지구에 있는 물의 양은 한정되어 있지만, 두루두루 쓰일 곳은 자꾸 늘어나고 있어요. 그런데 안타깝게도 세상의 물은 점점 오염되고 있답니다. 하늘에서 내리는 비는 공기 속의 성분을 머금고, 땅에 내린 비는 흘러 흘러 강으로 가는 동안 흙 속에 있는 성분을 빨아들여요. 그러니 공기와 흙이 오염되면 자연히 물도 따라 오염되지요.
이렇게 오염된 물을 마시면 병에 걸리기도 쉬워요. 물에 의해 옮는 병을 '수인성 전염병'이라고 하는데, 기온이 아주 높고 습한 데다 주변 환경이 불결하여 모기 따위가 들끓는 지역에서 많이 발생해요.

물만 있으면 어디든 갈 수 있지.

이런 전염병은 아프리카나 동남아시아 등에서 자주 볼 수 있어요. 하지만 우리나라도 안심할 수 있는 건 아니에요. 해마다 기온이 높아지면서 곳곳에서 이질, A형 간염 등의 수인성 전염병이 나돌기도 하니까요.

수인성 전염병 중에서 가장 대표적인 것이 바로 콜레라예요. 콜레라에 걸리면 갑작스레 구토와 설사를 하다가 하루 이틀 만에 목숨을 잃기도 해요. 펄펄 열병을 앓는 말라리아, 깊은 잠에 빠져 끝내 숨지는 수면병도 수인성 전염병의 일종이지요. 이런 병 때문에 해마다 전 세계적으로 약 1000만 명의 사람들이 죽어 가고 있답니다.

푹푹 썩어 가는 강물!

한때 우리나라의 4대 강 가운데 하나인 낙동강이 크게 오염되어
나라 전체가 떠들썩하던 적이 있었어요.
낙동강은 부산과 대구 등 여러 도시에 수돗물을 공급해 주는
중요한 강이에요. 그런데 1991년 한 공장에서 페놀이라는 약품이

나 하나쯤이야…….

대량으로 흘러나왔어요. 페놀은 합성수지나 살균제 따위를 만드는 데 쓰이는 지독한 화학 물질이에요. 페놀이 섞인 수돗물은 마시는 것뿐만 아니라 냄새조차 맡을 수 없을 정도였어요. 이 때문에 수많은 사람들이 물을 얻지 못해 한동안 난리를 겪었지요.

전 세계적으로도 강물의 오염은 무척 심각하답니다. 유럽에서 아름답기로 소문난 라인 강은 스위스에서 시작하여 오스트리아, 프랑스, 독일, 네덜란드 등을 거쳐 흘러요. 그런데 1986년 스위스의 한 공장에서 갖가지 화학 물질들이 1300톤이나 유출되었어요. 이 때문에 강 전체의 물고기들이 떼죽음을 당하고 수많은 사람들이 엄청난 피해를 겪어야 했답니다.

끙끙 앓는 바다!

바닷물의 오염은 어떨까요?
오래전 일본 미나마타 시의 앞바다에는 중금속인 수은이 폐수와 함께 섞여 흘러간 적이 있었어요. 이 때문에 바닷속 물고기들은 수은이 들어 있는 물을 마셨고, 이 사실을 몰랐던 사람들은 멋모르고 물고기를 잡아먹었다가 온몸이 마비되거나 엄청난 고통을 겪으며 죽어 갔어요.
또 1990년 미국은 중동의 이라크를 공격한 적이 있어요. 바로 걸프 전쟁이에요. 이때 미국의 공격을 견디다 못한 이라크는 일부러 곳곳의 유전을 폭파해 버렸어요. 이 일로 바다는 온통

기름으로 뒤덮였고, 주변에 있는 여러 나라들이 마실 물을 얻지 못해 큰 어려움을 겪어야 했어요. 사우디아라비아나 바레인, 카타르 같은 건조한 나라에서는 바닷물을 민물로 바꾸어 식수로 사용하고 있었거든요.

우리나라에서도 종종 바다에 기름이 유출되는 사고가 일어나곤 해요. 2007년 12월에는 서해안 태안 앞바다에서, 2008년 3월에는 전남 여수 앞바다에서 유조선이 충돌해 기름이 대량으로 유출된 일이 있었어요. 이 같은 사고는 주민들에게 고통을 줄 뿐만 아니라, 바닷속 생태계는 물론 육지와 바다 생물의 생활 터전인 갯벌을 크게 망가뜨리는 끔찍한 재앙이에요. 또한 이렇게 오염된 바다를 다시 깨끗하게 하기 위해서는 오랜 시간 동안 수많은 사람들의 손길과 막대한 비용을 들여야 하니, 여러모로 보아 이만저만한 피해가 아니랍니다.

또 2011년 일본의 후쿠시마 원자력 발전소가 지진해일로 피해를 당한 뒤엔 오염수가 바다로 흘러나와, 그 후 여러 해가 지나도록 심각한 영향을 미치고 있고요.

내가 버린 물을 내가 마신다고?!

앞서 말한 크고 작은 사고가 아니더라도 강과 바다는 쉴 새 없이 오염되고 있어요.

물은 자정 능력을 지니고 있어서, 자연 상태에서 어느 정도 오염되는 것은 그다지 문제가 되지 않아요. 물속에 들어간 오염 물질은 시간이 지나는 동안 흐려지고, 갖가지 찌꺼기들은 작은 동식물과 미생물들이 분해해 버리니까요. 하지만 오염 물질이 너무 많이 흘러들면 물의 자정 능력을 넘어서게 되어 수질 오염이 시작된답니다.

우리가 쓰고 버린 물속에는 여러 생물들이 좋아하는 영양분도 들어 있어요. 하지만 영양분이 너무 많아지면 물고기들이 좋아하는

물속의 미생물들이 오염 물질을 분해하는 데 필요한 산소량을 BOD(생물화학적 산소 요구량)라고 해요. 이것은 수질 오염을 측정하는 데 중요한 기준이 되지요. BOD는 ppm이라는 단위로 나타내요.

생활 하수
우리가 일상생활에서 사용하고 버린 물

플랑크톤이 지나치게 많이 번식하게 돼요. 이렇게 많아진 플랑크톤은 물속에 녹아 있는 산소를 모두 빨아들여, 결국은 플랑크톤뿐만 아니라 다른 생물까지 숨을 쉬지 못하게 해 죽게 만든답니다. 이때 물이 녹색으로 변하면서 지독한 냄새를 풍기는데, 이것을 '녹조 현상'이라고 해요.

수질 오염의 원인을 크게 세 가지로 꼽아 본다면 생활 하수, 농·축산 폐수, 산업 폐수를 들 수 있어요. 이 가운데 가장 큰 원인은 생활 하수랍니다. 그만큼 버려지는 양이 많기 때문이에요. 더구나 빨래를 하거나 설거지할 때, 머리를 감을 때 사용하는 합성 세제는 잘 분해가 되지 않아 골칫거리예요. 따지고 보면 이런 폐수가 강으로 흘러갔다가 다시 우리에게 돌아오니, 결국은 우리가 버린 물을 우리가 먹는 셈이지요.

농·축산 폐수
농약 + 가축의 배설물

산업 폐수
공장에서 흘러나온 물

무엇을 해야 할지 깨닫는 순간 흘린 콧물,
다른 이를 불쌍히 여기는 마음이 담긴 눈물,
해야 할 일을 하면서 흘린 땀방울.
열 개의 소중한 물방울이 모이자, 난쟁이 요정의 마법이 풀렸어요.
"좋아요, 나는 나무 백 그루 심을래요!"
난쟁이가 이롬에게 주겠다던 작은 선물,
그것은 과연 무엇일까요?

5. 난쟁이가 남긴 선물

닦고, 닦고, 또 닦고. 휴우~

한참 기름을 닦다 돌아보니, 난쟁이는 또 하나의 물방울을 작은 병에 담고 있었다.

"이건 바로 네가 흘린 땀방울이야. 모든 이의 행복을 위해 흘리는 땀이야말로 세상에서 가장 귀한 물방울이지."

이렇게 해서 난쟁이는 남아 있던 세 개의 병을 모두 채운 셈이었다. 내가 흘린 콧물과 눈물, 그리고 땀. 콧물은 내가 무엇을 해야 할지 깨닫는 순간 흘린 것이고, 눈물은 다른 이를 불쌍히 여기는 마음이 들었을 때 흘린 것이었다. 하지만 실제로 해야 할 일을 할 때 흘린 땀방울은 다른 모든 것을 합친 것보다도 더 귀중한 것이라고 했다.

"고마워, 롬. 이제 나는 마법에서 풀려나게 됐어."

난쟁이의 말에 나는 좀 쑥스러웠다.

"뭘……. 실은 별로 한 것도 없는걸."

난쟁이는 활짝 웃으며 말했다.

"아니야, 롬아. 너는 나뿐 아니라 세상 모든 이를 위해서도 큰일을 해낸 거야. 난 이제부터 주전자 밖의 세상으로 나가서, 전 세계의 물을 옹달샘처럼 맑게 만들어 놓을 거야. 그게 원래 내가 해야 할 일이었으니까."

하지만 나는 의아한 생각이 들었다.

"난쟁아, 네가 정말로 이 세상에 있는 물을 모두 맑게 할 수 있는 거야?"

난쟁이는 얼굴빛이 조금 어둡기는 했지만 확신에 찬 목소리로 대답했다.

"그럼, 물론이지. 비록 내가 없는 동안 세상의 모든 물이 너무나 심각하게 오염되었지만 샘물 하나하나, 강물 하나하나를 돌아보며 차근차근 빼놓지 않고 맑게 해 놓을 거야."

어쩌면 그 일을 다 해내는 데에는 수십 년, 수백 년이 걸릴지도 모른다고 했다. 사람들이 함께 돕는다면 훨씬 더 빨리 해낼 수도 있겠지만……. 어쨌든 아무리 힘들고 오랜 시간이 걸린다 해도 지금 당장 꼭 시작해야만 하는 일이라는 것이었다.

"자, 그럼 나는 어서 내 일을 시작하러 가 볼게."

난쟁이가 손을 흔들며 작별 인사를 했다.

"잠깐! 나를 집에 데려다주고 헤어져야지."

"아 참!"

난쟁이는 빙그레 웃으며, 주전자 밖으로 나가는 방법을 가르쳐 주었다. 그건 제자리에 물구나무서서 내 이름을 외치는 것!

"롬아, 이제 우리가 헤어지면 영영 다시 만날 수 없을지 몰라. 하지만 물은 돌고 도니까, 어쩜 네가 마셨던 물을 내가 또 마시게 될지 모르지."

그런 식으로 만날 수도 있다니 참 재미있다는 생각이 들었다.

"그래. 잘 가, 난쟁이 요정. 잠깐이었지만 너를 만났던 건 오래오래 잊지 않을 거야."

인사를 나눈 뒤 난쟁이는 물방울을 타고서 하늘 높은 곳으로 까마득히 사라져 갔다.

나는 난쟁이가 가르쳐 준 대로 물구나무서기를 해 보았다. 하지만 번번이 실패해서 넘어졌고, 세 번째에야 겨우 성공하여 크게 내 이름을 외쳐 불렀다.

"이롬!"

또다시 '쿵!' 하고 넘어졌을 때, 어느새 나는 집으로 돌아와 있었다. 내 앞에는 그 작은 주전자가 뚜껑이 활짝 열린 채 놓여 있었다.

그때 마침 거실로 들어서던 엄마 아빠가 베란다에 있는 나를 보고는 깜짝 놀라서 달려왔다.

"아니! 롬아, 너 도대체 뭐 하는 거야? 초인종을 몇 번이나 눌렀는데 나와 보지도 않고."

"정말 이상하네. 물건을 잔뜩 늘어놓고는 엉덩방아를 찧고 있다니……."

나는 옷을 툴툴 털고 일어나 머리를 긁적이며 대답했다.

"그, 그냥, 게임기 찾느라고……. 그런데 엄마 아빠, 왜 이렇게 빨리 돌아왔어요?"

내가 묻자 엄마는 당연하다는 듯 미소를 지으며 말했다.

"애는……. 설마 엄마 아빠가 너 혼자 놔두고 정말로 여행을 떠나겠니?"

엄마 아빠는 찜질방에서 잠시 쉬었다 온 것뿐이었다. 오는 길에는 약수터에 들러 커다란 물통 가득 약수를 담아 오기까지 했다. 물이

나오지 않는 사흘 동안 우리 식구가 쓸 물이었다.

"엄마, 그런데 이 주전자 어디서 난 거예요?"

나는 주전자를 가리키며 물었다.

"주전자라니? 아, 그 램프! 그러고 보니 뚜껑이 열려 있네. 아무리 해도 열리지 않았었는데."

아빠 역시 신기하다는 듯 주전자를 만지작거리며 말했다.

"이거 실은 돌아가신 할아버지가 중동 지역에 일하러 가셨을 때 가져오신 거야."

"정말요? 할아버지가 중동에서 무슨 일을 하셨기에……."

지금으로부터 삼십 년 전쯤, 할아버지는 사우디아라비아에 가서 사막 한가운데를 깊게 파내어 물을 끌어올리는 공사를 하셨다고 했다. 또 그 전에는 아프리카의 사하라 사막에서 커다란 수로관을 땅속에 묻는 일을 하셨다고 했다. 서울에서 부산까지 네 번이나 왔다 갔다 할 만큼이나 길고 긴 수로관을 연결하여, 물이 필요한 곳에 물이 콸콸 솟아나도록 해 준 것이었다.

나는 처음엔 아빠의 말을 믿지 못했지만, 옛날 사진첩을 보고는 눈이 동그래졌다. 거기엔 정말로 할아버지가 중동과 아프리카의 사막에서 일할 때 찍은 사진들이 수두룩하게 꽂혀 있었다. 그중에서도 웃통을 훌렁 벗고 찍은 사진에는, 놀랍게도 내가 주전자 속에서 만

난 난쟁이 요정이 할아버지 옆에서 활짝 웃고 있는 것이었다.

"아니! 이, 이건……."

내가 깜짝 놀라자 아빠는 무슨 영문인지 물었다.

"그냥, 어디서 많이 본 얼굴 같아서……."

아마 아빠랑 엄마는 내가 이 난쟁이를 실제로 만났던 이야기를 하면 절대로 믿지 못할 거다. 또 쓸데없이 엉뚱한 소리를 한다고 핀잔이나 주겠지.

내가 대충 둘러대자 아빠는 빙그레 웃으며 말했다.

"이 근처에서 일할 때 저 램프가 땅속에서 나왔대. 살아 계신 동안 할아버지는 이 램프를 귀한 보물처럼 아끼셨지."

하지만 할아버지가 돌아가신 뒤, 그 주전자는 잡동사니들과 함께 이리저리 처박히는 신세가 되었던 것이다. 모양이 아주 특별한 것도 아니고, 그렇다고 램프나 주전자로 쓸 만한 것도 아니기 때문이었다. 솔직히 옛날 물건을 파는 곳에 가면 그보다 훨씬 예쁘고 멋진 것들을 얼마든지 볼 수 있었다.

"아빠, 그럼 이 주전자 내가 가져도 돼요?"

내가 묻자 아빠는 흔쾌히 고개를 끄덕였다.

"그러렴. 딱히 쓸 데도 없지만, 그렇다고 버릴 수도 없는 물건이니까 네가 잘 보관해."

이렇게 해서 나는 그 작은 램프를, 아니 주전자를 내 방 책상 위에 고이 올려놓게 되었다.

'혹시 난쟁이를 다시 볼 수 있을까?'

나는 몇 번이나 주전자 뚜껑을 열어 보기도 하고, 물구나무서서 내 이름을 불러 보기도 하고, 콧물이나 눈물을 주둥이 속에 넣어 보기도 했다. 하지만 역시 아무 일도 일어나지 않았다.

'어쩌면 난쟁이를 만났던 건 꿈이었을지 몰라.'

그러나 아무리 생각해 보아도 그건 분명히 내가 실제로 겪은 일이었다. 인터넷으로 찾아보니 강원도 어느 지역에서는 지구 온난화의 영향으로 이번 겨울 동안 눈이 너무 적게 내린 데다, 이를 대비하지 못하고 평소처럼 물을 펑펑 쓴 탓에 생활용수가 부족해 난리라고 했다. 물론 경상도, 전라도 등 다른 지역들도 겨울 가뭄, 봄 가뭄 때문에 크고 작은 어려움을 겪고 있었다. 또 우리나라뿐만 아니라 이 세상에는 물 때문에 어려움을 겪거나 전염병으로 죽어 가는 사람들이 정말로 많았다. 그리고 난쟁이와 함께 둘러본 싼샤 댐도 실제로 있는 것이었다.

"엄마, 우리나라가 정말 물 부족 국가예요?"

엄마는 고개를 끄덕이며 대답했다.

"그래, 그렇다는구나."

"아빠, 기름으로 오염된 바다가 깨끗해지려면 정말 수십 년이나 걸려요?"

"그래, 그렇다지. 그런데……."

인터넷으로 이런저런 뉴스를 훑어보던 아빠가 말을 이었다.

"기름 유출로 오염되는 것보다 우리가 집에서 버린 물 때문에 오염되는 것이 훨씬 더 심각하다는데."

놀랍게도 그건 사실이었다. 물을 오염시키는 물질들 가운데 70퍼센트 정도가 집집마다 쓰고 버리는 생활 하수였다.

"휴, 이제야 알겠어요. 선생님이나 어른들이 왜 그렇게 물을 아껴 쓰고 또 깨끗이 써야 한다고 하는지……."

내가 심각하게 말하자, 엄마 아빠는 조금 놀랍다는 듯 나를 빤히 쳐다보았다.

"그런데 얘가 오늘따라 웬일로 이렇게 어른스러운 거야?"

"아침에 물이 안 나와서 난리를 겪더니만 갑자기 물에 대한 관심도 커지고 말이야."

이쯤에서 나는 그 주전자와 난쟁이 요정에 대한 비밀을 말하려고 슬그머니 이야기를 꺼냈다.

"실은…… 내가 아까 주전자 속에 들어갔었는데…… 거기서 난쟁이 요정을 만나서 세계를 여행했거든요. 난쟁이가 그러던데, 댐을 만들면 물을 담아 두고 나누어 쓸 수 있지만, 안 좋은 점도 많대요. 지진이 일어날 수도 있고, 또…….”

그러자 엄마 아빠가 '깔깔깔깔!' '껄껄껄껄!' 웃음을 터뜨렸다.

"역시나! 우리 딸 엉뚱여왕님이 그럼 그렇지!”

하지만 댐에 대한 이야기만은 틀림없이 맞는 말이라고 했다.

"사람이 짓는 댐보다는 나무로 가득한 숲이 훨씬 더 효과가 좋대. 우리나라의 모든 댐에 있는 물을 다 합쳐도 숲 속의 나무와 흙이 머금고 있는 것에는 한참 부족하다더군.”

아빠도 놀랍다는 듯 그렇게 말했다.

"그럼 잘됐네요. 우리 내일 다 같이 나무나 심으러 갈까요? 어차피 집에 있으면 물도 안 나오고 할 일도 없는데…….”

엄마 말에 나는 두 손을 번쩍 들고 환영했다.

"좋아요, 나는 백 그루 심을래요.”

내 말에 엄마 아빠는 또 한 번 크게 웃음을 터뜨렸다.

아무튼 이렇게 해서 우리 가족은 이튿날 가까운 산으로 나무를 심으러 갔다. 또 그다음 날은 주말 동안 알게 된 물 부족, 물 오염에 대한 이야기와 나무 심기에 대한 것을 체험 학습 보고서로 만들어 내서 모처럼 선생님께 크게 칭찬을 받았다.

아 참, 그런데 한 가지 너무너무 신기한 일이 있었다.

난쟁이는 내가 자기를 도와주면 아주 소중한 선물을 주겠다고 했었는데, 알고 보니 그건 바로 주전자였다. 어느 날 또다시 물이 끊겨서 물을 쓸 수 없게 되었을 때, 나는 그냥 한번 물을 따르듯 주전자를 기울여 보았다. 그러자 놀랍게도 그 작은 주둥이에서 샘처럼 맑은 물이 쪼르륵 흘러나오는 것이었다. 조심스레 마셔 보니, 그 물은 내가 주전자 속 세상에서 마셨던 것만큼이나 시원하고 달콤했다.

그 뒤로 나는 종종 그 물을 따라 마셨고, 주전자에 대한 것은 영영 나만의 비밀로 간직해 두기로 했다. 그런데 그 물을 마셔서일까? 가끔 어른들뿐 아니라 친구들도 내게 이렇게 묻는 것이었다.

"너 도대체 무얼 먹기에 그렇게 점점 예뻐지는 거야?"

그때마다 나는 대답 대신 그냥 빙그레 웃곤 한다.

그나저나 난쟁이는 지금 어디쯤에서 물을 맑게 하는 일을 하고 있을까? 지금 내가 마시는 이 물이, 혹시 난쟁이가 마셨던 물은 아니었을까?

물, 아껴 쓰고 다시 써요!

우리가 일상생활에서 물을 절약할 수 있는 방법에는 어떤 것이 있을까요?
먼저 우리나라도 물 부족 국가라는 사실을 알고, 흔한 물도 아껴 쓰고 다시 써야 한다는 생각을 가져야 해요.
세수하거나 설거지할 때는 물을 받아서 쓰고, 세탁기는 빨랫감을 모아서 사용하는 것이 좋아요. 한 번 쓴 허드렛물은 그냥 버리지 말고 화단이나 정원에 뿌리고요. 또 양변기의 물통 속에 벽돌이나 페트병을 넣어 두면, 물을 내릴 때마다 그만큼 절약하는 셈이 되지요. 양치질할 때 컵을 사용하면 물을 틀어 놓고 할 때보다 5리터의 물을 절약할 수 있답니다.
우리가 먹는 음식의 종류를 바꾸면 우리가 쓰는 물 중 3분의 2를 차지하는 농업용수를 줄이는 데 크게 도움이 돼요.

이를테면 같은 열량을 얻기 위해 쇠고기보다는 쌀을 먹는 것이 좋고, 밭에서 나는 콩이나 감자를 먹는 것이 더욱 좋아요. 가축을 기르기 위해서는 곡물을 기를 때보다 훨씬 많은 물을 써야 하기 때문이에요.

쌀 1킬로그램을 거두기 위해서는 약 5000리터가 넘는 물이 필요하고, 소고기를 얻기 위해서는 그보다 스무 배나 많은 물이 필요하지요. 고기 위주의 상차림은 채소 위주의 상차림보다 두 배의 물이 더 쓰여요.

만약 서울 사람들 모두가 수돗물을 10퍼센트만 덜 쓴다면 1년 동안 약 36,000톤의 물을 절약할 수 있을 거예요. 이만큼의 수돗물을 만들려면 230억 원 정도가 필요하니까, 물을 절약하는 것은 경제적으로도 크게 도움이 되는 일이에요.

깨끗한 물, 우리가 지키자

물을 아껴 쓰는 것 못지않게 중요한 것은, 바로 물을 깨끗하게 지키는 일이에요. 깨끗한 물을 지키려면 한 사람 한 사람이 모두 노력하지 않으면 안 돼요. 수돗물의 상수원인 강물을 오염시키는 가장 큰 원인이 바로 생활 하수니까요.

물론 생활 하수를 줄이는 것이 제일 좋은 방법이에요. 또 버리는 물은 되도록 덜 오염된 채로 버리는 것이 좋아요. 이를 위해서는 합성 세제를 적게 사용하고, 식용유를 사용한 프라이팬 등은 휴지로 닦아 낸 뒤에 씻어야 해요.

그리고 무엇보다도 음식물 쓰레기를 줄여야 해요. 따로 분리되지 않은 채 하수구에 버려진 음식물 쓰레기는 강을 오염시키는 주범이거든요. 이를테면 무심코 버린 우유 한 컵을 정화하는 데는 약 15,000컵의 물이 필요하답니다.

1998년 엘니뇨 현상 때문에 콜레라와 말라리아 등으로 목숨을 잃은 사람이 54만 명이 넘었다고 해요. 엘니뇨란 바닷물의 온도가 평소보다 약간 높아져 지구촌 곳곳에 갖가지 기상 이변을 불러일으키는 현상이에요. 이 때문에 바다에서 엄청난 해일이 일어 육지를 덮치기도 하고, 다른 때보다 훨씬 큰 태풍이나 폭우가 몰아치기도 해요.
이런 재앙이 일어나는 것은 물과 땅과 공기가 오염되고, 지구의 온도가 전체적으로 높아졌기 때문이에요(지구 온난화).
자연에 퍼져 있는 오염 물질을 줄이려면 나무를 많이 심고 숲을 가꾸어야 해요. 나무는 신선한 공기를 만들 뿐 아니라 땅을 기름지게 해요. 또 숲은 내리는 비를 흠뻑 머금었다가 서서히 흘려보내는 역할을 하지요. 이 때문에 숲을 '녹색 댐'이라고도 부르는 거예요. 실제로 현재 우리나라의 숲은 모든 댐에서 가두어 둘 수 있는 것보다 훨씬 더 많은 물을 머금고 있답니다.

석유·가스 등 화석 연료를 사용하면서 생겨난 오염 물질이 쌓여, 자연이 훼손되고 주변 환경이 더러워지고……. 돌고 도는 자연은 이렇게 오염된 환경을 더 멀리 더 넓게 걷잡을 수 없을 만큼 퍼뜨립니다.

물을 얻기 위한 또 다른 노력

세계의 여러 나라들은 조금이라도 더 많은 물을 얻기 위해 갖가지 노력을 기울이고 있어요. 댐을 짓거나 지하수를 끌어올리는 것은 가장 흔한 방법이에요. 하지만 지나치면 지진이나 땅을 내려앉게 만들기도 하지요. 또 인공 강우를 내리게 하는 방법도 꾸준히 연구되고 있어요. 하늘에 떠 있는 구름에 드라이아이스나 요오드화은 등을 뿌려서 물방울을 만드는 거예요. 실제로 아랍에미리트에서는 오랫동안 비가 내리지 않던 사막의 하늘에서 인공 강우 실험을 계속하고 있답니다. 그렇다면, 지구에 있는 물의 대부분을 차지하는 바닷물을 이용하는 방법은 어떨까요?
실제로 사막이 많은 나라들에서는 바닷물을 민물로 만들어 쓰기도 해요. 바닷물에서 소금기를 빼내어 민물로 만드는 것을 '해수 담수화'라고 하는데, 이를 위해서는 공장과 같은 큰 시설이 필요해요. 또 바닷물을 끓이기 위해 많은 연료가 소모되기도 하고요. 더구나 이 과정에서 바닷물이 오염될 수도 있으니, 환경을 생각하면 그다지 바람직한 방법은 아니에요.

요즘에는 바닷속 깊은 곳에 있는 심층수를
이용하기도 해요. 햇빛이 닿지 않는 바닷속 깊은 곳의
물은 오염된 위쪽의 물과 섞이지 않아 깨끗한 데다, 우리 몸에
좋은 갖가지 성분을 듬뿍 함유하고 있어요. 이 때문에 먹는 샘물 등의
음료는 물론 아토피를 치료하는 의약품, 피부를 좋게 하는 화장품
등에 두루 쓰이고 있어요. 하지만 심층수를 너무 많이 뽑아 쓰다 보면
바닷물 순환에 문제가 생겨 장차 큰 재앙을 불러일으킬 수도 있답니다.
깨끗한 물을 얻기 위한 노력도 중요하지만 무엇보다 중요한 것은
더 이상 물을 오염시키지 않고, 아껴 쓰면서, 곳곳에 나무를
많이 심어 맑고 푸른 지구를 만들어 나가는 것이겠지요.